特色课程建设丛书

丛书主编　杨四耕

郭纪标◎主编

# 关键学习素养与学科课程设计

华东师范大学出版社

·上海·

**图书在版编目(CIP)数据**

关键学习素养与学科课程设计/郭纪标主编. —上海:华东师范大学出版社,2021
(特色课程建设丛书)
ISBN 978 - 7 - 5760 - 1208 - 8

Ⅰ.①关… Ⅱ.①郭… Ⅲ.①课程设计－教学研究－初中 Ⅳ.①G632.3

中国版本图书馆 CIP 数据核字(2021)第 022262 号

**特色课程建设丛书**
# 关键学习素养与学科课程设计

丛书主编 杨四耕
主 编 郭纪标
责任编辑 刘 佳
项目编辑 林青荻
特约审读 欧阳枫琳
责任校对 张 沥 时东明
装帧设计 卢晓红

出版发行 华东师范大学出版社
社 址 上海市中山北路 3663 号 邮编 200062
网 址 www.ecnupress.com.cn
电 话 021 - 60821666 行政传真 021 - 62572105
客服电话 021 - 62865537 门市(邮购)电话 021 - 62869887
地 址 上海市中山北路 3663 号华东师范大学校内先锋路口
网 店 http://hdsdcbs.tmall.com

印 刷 者 上海锦佳印刷有限公司
开 本 787×1092 16 开
印 张 10.5
字 数 137 千字
版 次 2021 年 4 月第 1 版
印 次 2021 年 4 月第 1 次
书 号 ISBN 978 - 7 - 5760 - 1208 - 8
定 价 34.00 元

出 版 人 王 焰

(如发现本版图书有印订质量问题,请寄回本社客服中心调换或电话 021 - 62865537 联系)

# 编委会


主　编

郭纪标


副主编

武　琼


成　员

郭纪标　武　琼　李曼华　刘长军　唐文英

# 丛书总序　走向课程自觉

　　这是一个焦虑的时代,每一个人都忙忙碌碌;这是一个无坐标的时代,很多人都不知身处何方;这是一个看不见路的时代,大家都不知该如何去面对新的情境;这是一个感觉模糊的时代,对很多事我们缺乏了应有的自觉和反思。

　　面对这样一个时代,我们需要有起码的文化自觉。在费孝通先生看来,文化自觉是生活在一定文化历史圈子里的人对其文化有"自知之明",并对其发展历程和未来有充分的认识。换言之,文化自觉就是文化的自我觉醒、自我反省和自我创建。

　　要提升学校课程品质,实现立德树人根本任务,文化自觉是不可或缺的。在我看来,课程领域的文化自觉就是课程自觉,它是人们基于对课程的理性认识,为着课程品质的提升而有清晰的目标意识和科学的路径观念,自觉参与课程变革实践的理性之思与理性之行。

　　课程自觉是一种有密度的自觉,它不是一个简单概念,而是一种思想、一种行动、一种文化,包含课程自知、课程自在、课程自为、课程自省以及课程自立等基本构成。推进特色课程建设,我们需要怎样的课程自觉呢?

　　1. 清晰的课程自知。课程自知是人们对特定课程情境的自觉理解,对课程理念和愿景的清晰判断,对课程内容和框架的基本认识,对课程实施路径和方位的整体把握。认识课程,认识自我,这不是一件容易的事。对一位校长来说,课程自知意味着对学校课程规划的整体理解,自觉研判学校文化与课程建构的关系、育人目标与课程架构的关系、资源调配与课程实施的关系;对一位教师来说,课程自知意味着对学科课程群建设的自觉思考,自觉跳出"课程即科目""课程即教学内容"等狭隘的课程观,建立与立德树人要求相适应的崭新课程观。

2. 透彻的课程自在。萨特说：存在先于本质。他曾将存在分为自在的存在和自为的存在，自在的存在是物体同其本身等同的存在，自为的存在是同意识一起扩展的存在。课程自觉需要深刻理解课程自在的文化，需要完整把握课程自在的处境，需要清晰认识课程变革的制度环境和现实可能，进而意识到哪些是可为的，哪些是不可为的；哪些是必须做的，哪些是可选择的；哪些是自己即可为的，哪些是需要制度支持的。

3. 积极的课程自为。按照萨特的观点，自为的存在是自我规定自己存在的。意识是自为的内在结构，自为的存在就是意识面对自我的在场。对课程变革而言，课程主体按照课程发展规律，通过自身的自觉行为和实践实现课程品质的提升，就是课程自为。课程自为意味着我们对课程自在的不满足，意味着我们开动脑筋思考课程变革的空间，意味着我们通过直面本己的课程实践培育新的课程文化，意味着我们在积极的卷入中推进课程深度变革。

4. 深刻的课程自省。课程自省即课程反思。杜威（1933）曾将反思解释为"思，我所思（thinking about thinking）"，他鼓励专业人士审思每一个专业判断之下的潜在逻辑。课程变革是一种反思性实践，需要对实践进行反思，再将反思带到新的实践中去。反思性实践是一种主动且持续地审视理论、信念和假设的过程，它可以帮助我们在课程实践中更好地理解自我与他人，选择合适的方式应对可能的情境。课程反思是凌驾于思维之上的更高层次的反思。当你站在既定的框架里去检查这些规则的时候，是无法发现这些规则的问题的；如果你可以跳脱出来，不带评判和预设地去分析这些规则，其中的不妥之处就会被你看到。课程反思是一种能力，当你掌握了这项能力的时候，你就像"觉醒"了一样，一样的世界，你却会有不一样的"看法"。这就是哈贝马斯所谓的"沟通理性"概念，提升课程品质特别需要这样一种理性：反省、批判和论证。

5. 持守的课程自立。《礼记·儒行》："力行以待取。"每一个人只有在自己的行动中，才能发现自己，才能向世界宣布他具有怎样的价值。课程自立是一个人认识到课程变革是自己的事,要有自己的立场、自己的创见,自持自守,不为外力所动,不随波逐流,进而"回到粗糙的地面"(维特根斯坦语),自觉参与到课程变革中来。课程自立本质上是在课程自知、课程自在、课程自为以及课程自省的作用之下,依靠自己的自觉和力量对课程实践有所贡献,并在此过程中逐渐提升自己的课程能力和专业成熟度,确证自己的"课程人"地位,成为"自己的国王"。

当我们有了清晰的课程自知、透彻的课程自在、积极的课程自为、深刻的课程自省以及持守的课程自立的时候,我们便作为"有创见的主体"主动地介入到课程设计、实施、评价与管理的全过程之中了,学校课程深度变革便自然而然地发生了。

费孝通先生说:"文化自觉是一个艰巨的过程。"让课程意识从"睡眠状态""迷失状态"到"自觉状态",也是一个艰难而痛苦的过程。可喜的是,本套丛书的作者秉持课程自觉之精神,聚焦特色课程建设,在课程自知、课程自在、课程自为、课程自省和课程自立方面掘进,迎来了课程变革的新境界!

杨四耕

2020 年 7 月 3 日于上海市教育科学研究院

# 目　录

## 第一章　关键学习素养：学科课程的旨趣　/ 1

　　学校基于独特的文化,通过推进课程建设,确定以提升学生"关键学习素养"为追求的学科课程旨趣:聚焦学习意识、学习方法、学习能力,着眼学科的价值挖掘,培育学生学习的核心技能,提升学生的品质。着力构建出动态整合的课程,突破学科课程孤立培养学生关键学习素养的局限性,为学生提供相对完整的生活世界,使学生的学习和生活融为一个整体。真正撬动课堂教学的形式与观念,构建出让每个学生都投入真正的学习的课堂。

## 第二章　关键学习素养：学科课程的愿景　/ 25

　　学科课程建设关注的焦点由培养"知识能力"转向培养"关键学习素养",

以群落的架构,形成多元支持、多向策应、多方聚力的融合驱动。在资源融合、途径开拓与情境范式多样化的学校课程实践中,发挥校本运作的既有优势与纵深潜力。学校注重学生的主体性和差异性,注重在不同学生原有的生活经验和学习基础上,紧紧地抓住课堂教学的艺术性和学科性两个基本属性,助推学生学习,努力创造适合每一个学生发展的教育环境。

## 第三章　关键学习素养:学科课程的要素　／49

　　学校根据区域育人要求和初中生的特点,拟定了"关键学习素养",其中包含了"五育并举"的具体要求:有关"德"的"关键学习素养"为"品格与毅力",有关"智"的"关键学习素养"为"运算与逻辑",有关"体"的"关键学习素养"为"态度与体质",有关"美"的"关键学习素养"为"欣赏与创作",有关"劳"的"关键学习素养"为"服务与技能"。学生在这样的课堂中赢得了自由学习的权力,收获了学习上的自信,挖掘了自能发展的潜力,他们看到了自己在学校生活中的价值所在,也获得了健康成长的正能量。

第四章　关键学习素养：学科课程的模型　/ 73

学校通过构建多样化的课程内容与课程实施途径,设计出"1＋X"学科课程群。它以"全员共享、全面递进",为学生育人与培养策略;通过序列化、结构化的课程开设,追踪式、跟进型的分置安排,多元化、专项化的内容调适,让学生在学习过程中、在课程实践中,保持一种轻松愉悦的心情。为学生提供自主选择课程、自主体验课程的学校环境,这可以使学科课程实施变得轻松、自由和愉悦,从而满足不同特性学生的各种学习需求和成长愿望,让每位学生在课程学习中都享受到快乐和取得收获。

第五章　关键学习素养：学科课程的图谱　/ 101

学校通过聚焦"关键学习素养",规划与设计具有对应功能的课程方案,在资源融合、途径开拓与情境范式多样化的学校课程实践探索中,形成学校的课程图谱。学校学习资源的提供趋于灵动,相应活动项目的设置呈现出立体架构,达成多元支持、多向策应、多方聚力的融合驱动。进而深化学生的学习动力,促进学生认知与建构能力的发展,助推学生对科目的兴趣与探索能力的提升。

## 第六章　关键学习素养：学科课程的主体　/ 125

　　学校把学生的学习作为学科课程设计的出发点和落脚点,通过聚焦"关键学习素养",整合学科课程,让学生在学习过程中以轻松愉悦的心情参与,成为课程的主人。同时,教师作为学生发展的主导因素,要顺应时代要求,走出原来"左手教材、右手教参、学科本位、各自为战"的教学方式,由原来的课程执行者变成课程创设者。一句话,师生共同创造学科课程的美好图景。

# 前　言

　　进入 21 世纪,知识更新速度明显加快,学科知识更新周期缩短,因此要求学生具备终身学习能力。基础教育正由"知识本位"时代走向"关键学习素养"时代。"关键学习素养"作为当下理论研究和课程改革实践的热点,引领着课程教学与评价的观念及方式发生转向。

　　上海市七宝第二中学的管理者和教师们一直以来脚踏实地、砥砺前行,怀着探索和研究的精神,基于独特的学校文化,积极开展基于"关键学习素养"的课程教学改革。所谓"关键学习素养",是指能驱动对知识的认识与运用的学习力与内在品质。在学校教育视角下,就是学生经过一系列课程学习之后,所积淀和形成的,有关思维结构、思考方式及思想内涵的变化与提升,它对学习的保持与发展具有核心价值,能起到支撑基础、联结多元、驱动发展等作用。它是作为客体侧面的教育内容与作为主体侧面的学习者关键能力的统一体而表现出来的。初中教育阶段作为基础教育的关键阶段,直接对学生的个性、能力、品格发展产生影响,因此,学生的"关键学习素养"应由初中的课程教学来落实。学生"关键学习素养"以育人为导向,致力于培养"全面发展的人",对初中的课程教学提出了新的任务与要求,我国学校教育与课程改革面临机遇与挑战。学校根据区域育人要求和初中生的特点,拟定了"关键学习素养",其中包含"五育并举"的具体要求:有关"德"的"关键学习素养"为"品格与毅力";有关"智"的"关键学习素养"为"运算与逻辑";有关"体"的"关键学习素养"为"态度与体质";有关"美"的"关键学习素养"为"欣赏与创作";有关"劳"的"关键学习素养"为"服务与技能"。

　　《中共中央国务院关于深化教育教学改革全面提高义务教育质量的意见》(2019 年 6 月 23 日)中强调提高学校课程建设水平,优化学校课程结构,探索跨学科课程,并鼓励学校围绕学生发展开发个性化课程。自 2001 年以来,基础教育课程改革就一直强调"对课程结构进行整合,改变过于强调学科本位、科目过多和缺乏整合的现状,要求初中以综合课程为主"。相对于中学阶段的课程设置以学科为中心,初中的学科数目较少,各科的学习概念较浅显,学科之间的水平组织较易实现。因此,基于学生"关键学习素养"理念探讨初中课程整合的实践策略,既有利于彰显课程育人的本质,又能为发展学生"关键学习素养"提供现实可行的操作程式。

在培养学生"关键学习素养"的背景下进行课程资源的整合,需要先论证清楚这二者之间的关系,以及将二者有机结合起来的内在逻辑。在此基础上结合实践案例提出的整合策略才论之有据,行之有效。首先,通过阐释学生"关键学习素养"的理念及其对初中课程整合带来的机遇与挑战来明确二者之间的关系。其次,分析初中课程整合的特点以及在培养学生"关键学习素养"方面的优势,明确初中课程整合具有培养学生"关键学习素养"的可能性。最后,提取实践案例中的有益经验与做法并进行概括与总结,从整合的内容、形式、条件等维度形成在学生发展"关键学习素养"背景下初中课程整合的实践策略。

通过梳理初中课程整合相关研究的文献资料,发现当前的初中课程整合主要从"教什么"角度将课程内容和结构进行整合,对于"为什么教""培养什么样的人"这些涉及整合目标的问题,并没有进行深入思考。只有将学生"关键学习素养"的目标和课程整合的内容结合起来分析,才能更全面深刻地理解课程整合的意义与价值。而这正是本研究的分析框架。

这项研究,通过序列化、结构化的课程开设,依托追踪式、跟进型的分置安排,借助多元化、专项化的内容调适,来设计"1 + X"学科课程群。通过聚焦学生在学习中涉及的真正反映其成长的关键学习力与相关内在品质,来规划与设计具有对应功能的课程方案。由此,初步形成了在集结与建设"1 + X"学科课程群基础上的课程图谱,并力求在课程建设中,从课程类型、课程内容、课程实施、课程评价等方面,加以精准规划,以专题与特色的定位,满足不同类型与特质的学生的学习需求和成长愿望,让每位学生都能在课程学习中享受到快乐并有所收获。这一探索既是学校管理者和教师们对于学科整合的创新和思考,又是其对常年用心的教育教学过程中的经验的总结与提炼。整个模式从理念、框架设计,到具体实施的过程、效果评价,完整地展现了发现问题、分析问题、解决问题、总结优化的问题解决过程,符合中小学开展教育科研的实际,也正因为如此,我们较好地处理了实践与研究的关系,通过研究切实促进学生、老师和学校的发展。

我们的研究目标有二:一是以育人为导向,以科目间联结为驱动,设计、开发"1＋X"学科课程群,优化课程体系结构,丰富学科课程内容,拓宽学习渠道与知识建构路径;二是依托"1＋X"学科课程群的教育教学实践,形成与学科课程融合实施的若干配置范式与序列实践的经验。引导学生深度学习,培育"关键学习素养"。围绕这些研究目标,我们主要研究了以下内容:

1. 本校学科课程建设的现状与"关键学习素养"的调查研究。学校新的课程建设不可能脱离学校原有的课程基础。为了筛选出学校有发展潜力又有一定基础的课程,自下而上地调查清楚学校目前开设的课程在实际教学中培养了学生哪些素养,我们将开展问卷调查、座谈、访谈,用以了解我校教师和学生对"关键学习素养"的倾向,以及我校学生的兴趣爱好、学生对各类课程的参与度和喜好度、相关课程的实施方式、学生选择课程的方式和学生的课程期望。

2. "1＋X"学科课程群的设计研究。基于"关键学习素养",以学科教研组为单位,以行动研究的方式,研制"1＋X"学科课程方案,不仅要丰富课程的内容,使得课程内容与学生的兴趣爱好一致,同时还应该从学生的立场出发,设计更多以学生参与活动为主的课程实施方式。

3. "1＋X"学科课程群的统整实施研究。课程统整,指一所学校对现实的、潜在的课程(有待开发的课程)做有利于学生发展的统观、梳理、整理,或增减,或合并,或废止,或重新解释其含义。它是一种有限的改革。而课程有其丰富的理论界说及历史变迁的过程,就本课题而言,则涉及基于学生"关键学习素养"的课程编制(包括课时安排)、课程实施、课程经验和知识属性等要素。

4."1＋X"学科课程群的评价研究。课程评价的功能主要是诊断和促进学生的全面发展。特色学科评价,目的在于把握课程的规范性。通过对课程广泛细致地分析和深入了解,进而从参与者的角度来描述课程的价值和特点,这有利于增强课程规划的有效性,使学生从"1＋X"学科课程群中获得更多亲身体验。"1＋X"学科课程群的评价是一种动态的、过程中的、自然情境中的评价,伴随着一些描述性的评价和价值判断的出现,这种评价本身就会构成学生学习成长过程的记录。

本研究的具体思路是:(1)聚焦"1＋X"学科课程群构建,遵循"国家课程校本实施"的原则与取向,结合区域教育的发展需求,由此将学校育人的愿景与设想具象化。以学校既有课程序列为原型与基础,加以系统布局、精准规划,制定在新的架构和设置状态下的课程序列。依据学校的教育理念、宗旨与办学发展方向,研究制定培养目标、内容等具体规划,以及操作落实方略。(2)研究通过聚焦学生在学习中涉及根本的、真正反映成长的关键学习力与相关内在品质,来规划与设计具有对应功能的课程方案。(3)引入并运用学校通过长期积淀与提炼、反复筛选而发现的"以不同课程间的相应知识的联动,促成学生认知与建构能力的发展;以多元融合的活动,助推学生对科目的兴趣与探索能力的提升"等关键经验。(4)提出本课题的基本研究假设:以课题群落为架构,形成多元支持、多向策应、多方聚力的融合驱动。在资源融合、途径开拓与情境范式多样化的学校课程实践探索中,发挥校本运作的既有优势与纵深潜力。

课程整合,以培养学生"关键学习素养"为整合目标,对学科课程内容和结构进行全面深度的整合。整合的实践策略从内容、形式及实施等方面展开。其中,内容整合主要体现在:通过开发重组课程资源,设计主题内容及实施主题教学来丰富课程内容;设置跨学科学习领域,建构课程主题,形成主题单元,从而调整课程结构。而形式整合包括:选择兼顾广度与深度的纵横二维整合路径并注意整合的限度问题;以主题式为学校课程整合的模式,将主题作为整合的切入点,充分发挥综合实践活动课程这一整合载体的作用。通过优化课堂,增加实践,教学有了较强的针对性,学生能够快乐、自由、主动地发现自我、发展个性,二中学生"健康、阳光、乐学"的形象逐渐形成。教师则不断丰富自己的教学思想和知识结构,走出了原来"左手教材、右手教参、学科本位、各自为战"的工作方式,由原来的课程执行者变成了课程创作者,提高了专业成长的自觉性,形成了再实践、再研究、再学习的氛围。对学校课程文化而言,整合课程、优化课堂推动了学校管理机制、考试评价、教学研究、教师综合素养、后勤服务、校园文化建设等多方面的配套改革,学校的课程特色初步形成。

"整合"不是一个结果,而是一个过程。经过几年的尝试,学校"1＋X"学科课程群实施取得了初步成效。学校基于"关键学习素养"形成了在"1＋X"学科课程群集结与建设基础上的校本课程图谱,并在实践中逐步丰富。学生借助相关课程的序列设置,在兴趣培养、探究知识、自主学习、交流分享等教学活动中,体会快乐学习,在丰富的经历中成长。他们认为,通过这样的学习,赢得了自由学习的权力,收获了学习上的自信,挖掘了自我发展的潜力。他们看到了自己在学校生活中的价值所在,也获得了健康成长的正能量。课程的实施得到了学生的广泛支持。每年的选课活动,学校全体学生都参与,真正做到了"我的课程我做主"。落实"1＋X"课程群理念,推进"1＋X"课程群的建构,已经成为全校师生的共同意愿。

本书中还包含了大量从实践中总结出的课程设计方案、活动方案、生动的个案和成长案例,相信可以给同行们启迪。反思所建构的实践策略与整个研究过程,本研究也存在着一些明显的不足。对学科课程整合的问题研究有待进一步深入,后续研究将扩大访谈对象的数量,更加深入到教学实践中,透过现象看本质。

上海市七宝第二中学校长

郭纪标

2020 年 11 月 2 日

# 第一章

## 关键学习素养： 学科课程的旨趣

　　学校基于独特的文化,通过推进课程建设,确定以提升学生"关键学习素养"为追求的学科课程旨趣:聚焦学习意识、学习方法、学习能力,着眼学科的价值挖掘,培育学生学习的核心技能,提升学生的品质。着力构建出动态整合的课程,突破学科课程孤立培养学生关键学习素养的局限性,为学生提供相对完整的生活世界,使学生的学习和生活融为一个整体。真正撬动课堂教学的形式与观念,构建出让每个学生都投入真正的学习的课堂。

进入 21 世纪,知识更新速度明显加快,学科知识更新周期缩短,因此学生应具备终身学习能力。基础教育正由"知识本位"时代走向"关键学习素养"时代。"关键学习素养"作为当下理论研究和课程改革实践的热点,引领着课程教学与评价的观念及方式发生转向。基于此,国际组织与众多国家及地区相继提出了"关键学习素养"的概念与内容框架,并积极开展基于"关键学习素养"的课程教学改革探索。发展学生"关键学习素养"进一步回答了"培养什么样的人"这一问题,这也是基础教育阶段学校要实现的人才培养目标。

在教育部印发的《关于全面深化课程改革落实立德树人根本任务的意见》中,核心素养被置于深化课程改革、落实立德树人目标的基础地位。"一些专家学者把核心素养培育作为素质教育再出发的起点,把基于核心素养的学力模型构建当作寻求国民教育基因改造的关键 DNA。就学校教育而言,核心素养如何指导和引领学科课程教学改革的实践,如何有效落实到具体的学科课程教学中去,这显然是当下迫切需要研究与解决的一个重大课题。"①培养目标的实现,主要依赖于课程,课程是在学校教育系统中培养学生"关键学习素养"的基本载体。有学者提出:"学校作为教育实施的一个基本单位,学校的内涵发展就是教育的内涵发展,而学校的内涵发展的核心领域就是课程的改革与开发。"②

为进一步提升素质教育质量,实现学生德智体美劳全面发展,我国基础教育正不断深化课程改革,这有效促进了初中课程教学转型发展。然而,审视当下初中课程教学的现实境况:课程内容过于分化、碎片化;课程实施缺乏活力,课堂承载量超负荷;课程目标错位,三维割裂。在教学实施过程中,重知识轻能力、忽视情感态度目标,不利于塑造初中生良好的学习态度、个人品格和正确的价值观。

近年来,各地学校在开设国家课程、地方课程的基础上,结合自身资源,开发了大量优秀的校本课程。实行的三级课程开发与管理模式在丰富了学校课程资

---

① 王锦飞. 课程教学当以核心素养为导向[J]. 青年教师,2016(9):17—18.
② 舒伊. 学校特色课程开发的实践框架[J]. 湖北成人教育学院学报,2013(1):23—24.

源的同时，也面临着课程门类众多、课程内容交叉重叠、课程实施混乱无序、学生课业负担超载等问题。目前，初中课程以分科设置为主，课堂教学以学科知识结构为核心。这造成学科之间缺乏横向联系，学段衔接不够紧密，课程的整体育人功能弱化、体系缺失。立足于学生"关键学习素养"这一全新背景，重新审视初中课程的目标定位、内容实施与教学评价，这既是当前世界各国基础教育课程改革的重要议题，也是深化我国课程改革的迫切需要。

课程整合作为矫正学科课程过度分化的一种课程设计方式，是深化初中课程改革的内在要求与培养学生"关键学习素养"的可能路径。自 2001 年以来，基础教育课程改革一直强调"对课程结构进行整合，改变过于强调学科本位、科目过多和缺乏整合的现状，要求初中以综合课程为主"。相对中学阶段的课程设置以学科为中心，初中的学科数目较少，各科的学习概念较浅显，学科之间的水平组织较易实现。2011 年新修订的课程标准兼顾了不同学科间的知识衔接，通过课程整合培养跨学科能力。当前全面深化课程改革要求统筹不同学段的学科及课程的实施环节，强调各学段的纵向衔接贯通和学科间的横向协调配合，有机融合相关课程资源，统整学习领域与内容。

当前学校教育关注的焦点由"知识能力"转向"综合素养"。学生"关键学习素养"的跨学科性、综合性、情境性等特点要求学校应注重学科间的相互统整融合，为学生创设多样化的真实教育情境。初中课程整合能够为学生提供相对完整的生活世界，使学生的学习和生活形成有意义的整体，突破各学科课程单独培养学生"关键学习素养"的局限性。学生"关键学习素养"的落实关键在于对初中课程进行改革，着力构建动态整合的课程。基于学生"关键学习素养"理念探讨初中课程整合的实践策略，有利于彰显课程育人的本质，为发展学生"关键学习素养"提供现实可行的操作程式。

"关键学习素养"包含对学生在学科学习中的同一基础能力要求和差异性的发展能力要求，因此，"关键学习素养"不是先天遗传的，而是经过后天教育习得的。"关键学习素养"也不是各门学科知识的总和,它是支撑"有文化教养的健全公民"形象的心智修炼或精神支柱。李晓东(2017,北京师范大学)提出了"理解学科核心素养的三个关键":定位、评价与实施。有人提出,"核心素养的'转化落实'已从宏观层面进入中观与微观层面,这也引导我们要正视三方面的问题:一是课标与教材层面问题;二是教师与课堂层面问题;三是评价层面问题。其中具体包括:学科课标转化,学科教材转化;认清教师是关键,抓住课堂为主场;以终结性评价引领方向,以过程性评价激励推进。"①

1. 有利于促进学科发展。学科课程是全力推进素质教育,实施教育现代化的重要的基础课程,是居于中心地位的最主要、最基本的课程类型。建设学科课程的,要在挖掘学校教学传统和优势的基础上,创新课堂教学的目标与内容、过程与方法,积极推进学科课堂教学改革,努力打造课堂特色,继而从根本上改变教师"教"、学生"学"的单向教学关系,促进学生自主学习与主动建构知识体系,从而全面提升学生的学习能力。

2. 有利于满足培养学生"关键学习素养"的需求。作为教育主体的学校教育,不应千人一面,不能整齐划一,而是应该在充分研究和探索的基础上为学生提供更多的选择,让学生的个性得到充分的发展,为他们未来的创新之路打下良好的基础。优质的教育要成就学生的个性化发展,帮助学生发现、形成和发展自我的个性,为此,需要充分利用特色课程这一有效载体。

3. 有利于促进教师专业发展。只有每一位教师都自觉进入到课程研发中,并拥有自己个性化的特色课程,学校课程才能鲜活起来,生动起来。但每一位教师要想系统开发自己的学科课程尚且存在一定困难,在这种情况下,学校以构建"学科课程群"为突破口,打破学科壁垒,引导教师参与到自由的课程开发中,建设师生共创、共享、共同成长的课程体系,点亮精彩人生。

---

① 郭家海. 核心素养"转化落实"的三个关键问题[J]. 新课程研究:上旬,2016(8):28—30.

4. 有利于提升学校的精神文化。一所学校，要想在社会上树立良好的声誉，学校的精神文化要比学生的成绩更能赢得学生和家长的青睐。学校传播什么样的精神思想，就能教育出什么样的学生。在学校课程设置上，必须充分注入学校的精神文化。学校最终要形成良好的教学氛围，从而在潜移默化中培养学生积极乐观的学习精神。

5. 有利于学校内涵发展。学校的内涵发展，也就是学校文化主体的发展，理应有本校特色的自主发展的轨迹。构建特色课程文化要体现系统论的思想和教育"生成"的力量，关注师生独特的精神需求和文化体验，以个性化的教育教学促进学生终身可持续性发展，通过构建特色课程文化促进学校的内涵发展。

初中教育阶段作为基础教育的关键年段，直接对学生的个性、能力、品格发展产生影响，这决定了培养学生形成"关键学习素养"的任务应由初中的课程教学来落实。学生"关键学习素养"以育人为导向，致力于培养"全面发展的人"，对初中的课程教学提出了新的任务与要求，我国学校教育与课程改革面临机遇与挑战。学生"关键学习素养"是通过不同学科课程来培养学生的共同素养，具有明显的跨学科性、综合性。因此，结合学生"关键学习素养"的特点，初中课程的设计与实施应有所革新，对课程内容与结构进行优化整合，有利于学校实现育人目标。除此之外，还可以为学科课程理论的研究提供大量有价值的案例，丰富学科课程理论的研究成果。

## 激趣语文
## 打开语文世界的金钥匙

### 课程主张 还语文课堂以生趣

所谓激趣语文,就是教师在课堂教学中灵活运用各种教学手段,激发学生潜在的学习兴趣,挖掘其内在潜能,使外部教育产生一种内化作用。语文对于学生来说一直是一门相对比较沉闷的课程,要想转变学生的这种观念,让学生在语文课中感受到学习的乐趣,那就得在教学活动中紧紧抓住"兴趣"这把金钥匙,增强语文课堂的趣味性,培养学生学习语文的兴趣。特级教师于漪认为:兴趣是学习的先导,有兴趣就会入迷;入迷,就会钻进去,学习就会有成效。教育家孔子也说,知之者不如好之者,好之者不如乐之者。我提出的激趣语文,就是主张教师在钻研教材、了解学生、备好教法的基础上,通过创设情境、举办活动和幽默语言等多种途径,在教学过程中做到首尾激趣,更要做到课堂内外相结合,共同激发学生学习的欲望和兴趣,从而使课堂焕发活力、多姿多彩。

### 一、"激趣语文"的核心在于激发学生的参与热情

随着新课改提出新的教学观念,语文教师必须与时俱进、更新教学观念。实际上把时间交给学生,让学生自己去探索,这样获得的知识才能被最大程度地吸收,也是学生记得最牢的。改变过去一言堂的方式,充分发挥学生的主观能动性,

采取多种多样的教学方法，使整个课堂变得丰富多彩、趣味横生。而这一切，关键在于充分调动学生的主动性。兴趣是最好的老师，只要学生对语文课程感兴趣了，就不难取得良好的学习成果。

一般而言，每节新课都有介绍作者及其作品以及相关文学常识这一环节，通常都是老师查找资料并适当筛选后讲给学生听，我把这固有的教学方式做了一下调整，让学生当小老师，这样既锻炼了学生自主学习、研究问题的能力，又培养了学生利用网络平台查找资料、归纳总结的能力。

第一次布置"任务"时，我从任教的两个班级中挑选了两名学习较好的同学庄X和白X。两天后，我走进了教室故意大声地宣布："今天我请XX同学来当一回小老师，向我们介绍《在烈日和暴雨下》的作者和相关作品，让我们给她点儿掌声好吗？"庄X在掌声中自信地走上讲台，我向她投去信任的一笑，随即坐到了她的位置，扫视了一圈教室，令我吃惊的是，几乎是同一时间，全班同学刷地都挺直了身体，瞪大了眼睛，连平时上课一直东张西望的戴X也精神了起来。

"大家好！我先来给大家介绍一下《在烈日和暴雨下》的作者。"庄X从容地从U盘中打开了自制的课件。映入我眼帘的第一张幻灯片十分醒目，深蓝色的底片上中间几个行楷大字——《在烈日和暴雨下》，下面稍小字体的是作者名字——老舍。"这篇文章节选自老舍的著名长篇小说《骆驼祥子》，先来让我们认识一下作者。"庄X又打开了第二张幻灯片，"这是老舍的几张照片，他是我国的……"我又偷偷扫视，发现没有不瞪着眼睛仔细看认真听的，怪了，我平时讲的时候他们好像也没有这么大的兴趣嘛！

"下面让我来介绍老舍的作品，让我带领大家走进《骆驼祥子》这部作品去看一看，祥子是小说的主人公……"她似乎越讲越兴奋，显然已经完全进入状态，滔滔不绝地讲起小说的内容，而且几乎没有看幻灯片。末了，还给大家看了当年张丰毅和斯琴高娃主演的电影的剧照，再看看下面的同学，思绪也跟着她定格在老电影的剧照上了。接下来的互动环节更让我吃惊，同学们提出了很多精辟的见解,并且始终保持高度的参与热情。接下来的几节新课我继续让学生当小老师,并且稍加改进,采用了自愿报名的方式,都收到了非常好的教学效果。我还随即布置了一项自由作业,请学生随意挑选一篇没有学过的文章,查找相关的资料并筛选资料制成课件,算作一次平时成绩。学生们对这个作业表现出极大的热情,在短短的一个星期的时间,我就收到了 28 份制作精美的课件,内容和形式都远远超过了我的预想。

## 二、"激趣语文"的关键是把探究的权力还给学生

孔子说过:"学而不思则罔,思而不学则殆。"现在的教学课堂的最大失误便是剥夺了学生思考的权力,学生成了机械接受的工具。苏霍姆林斯基说过:"在人的心灵深处,总有一种根深蒂固的需要,就是希望自己是一个发现者、研究者、探索者。"学生是学习的主人,教师要大胆放手,让学生去思考问题,并对自己思考的结果畅所欲言,真正把课堂的主权还给学生,这样,课堂才会活跃起来,学生才不至于在枯燥的课堂中昏昏欲睡。

让学生成为课堂的主体,并不是说教师就成了可有可无的人。相反,这对老师提出了更高的要求。如果在课堂上不能对学生进行有效的引导和组织,放任自流,那么课堂教学就会变成一盘散沙,变成一个群龙无首的局面,这样更不可能取得教学的成功。只有在老师高屋建瓴的指导和组织下,教学过程才能"形散而神不散",始终在老师的可控范围之中。要做到这一点,就要求老师对课堂环节了若指掌,收放自如。具体来说,是指教学过程在教师的引导下进行,以学生独立自主学习和合作讨论为前提,以现行教材为基本探究内容,以学生周围世界和生活实际为参照对象,为学生提供充分自由表达、质疑、探究、讨论问题的机会,让学生通过个人、小组、集体等多种解难释疑尝试活动,将自己所学知识应用于解决实际问题的一种教学形式。

在开《诺曼底号遇难记》这节研讨课时,我就把质疑讨论定位为这节课的主要教学环节。我在课前布置了阅读质疑的作业,让学生把没读懂的问题提出来,没想到一石激起千层浪,学生提出的大大小小的不同类型的问题有上百条之多。如:"哈尔威船长为什么不选择逃生,而是随着船一起沉没,这值不值得?""海难事故到底是谁造成的,谁才是事故的真凶?""除了船长之外,船上其余的60人及船员全部逃生,这是真的吗?""为什么说真正的强者是有自制力的人?"……有些问题非常有质量,已经触及了文本最深刻的东西,说明这些是学生在认真思考文本之后提出来的,等于是在讲课之前学生已经自主走进了文本,师生之间开展了有效的互动。

当个体的积极思维在师生、生生间多向有序互动起来时,彼此便会不断碰撞出智慧的火花。

### 三、"激趣语文"的法宝是巧用语言、多加赞美

长期积累的教学经验告诉我们,课堂上的笑声会制造出积极的气氛,使"教"和"学"变得轻松而有趣。而一名优秀的、受欢迎的老师往往是具有幽默细胞的老师,幽默的教学语言和神情动态,更易赢得学生的喜爱。学生一旦喜欢上一位老师,就会自然喜欢上这位老师的课,可以说是"爱屋及乌"。在课堂中,免不了有些学生会打瞌睡、开小差等,如果老师采用与课堂无关的指令则会让其他学生注意力分散,这必然会影响到课堂的进度,但如果是懂得使用幽默语言的老师,便会利用课堂教学中的内容进行变通,将这些学生的注意力带回到课堂。如一位老师在专心地给学生上课,突然有一只小鸟飞了进来,学生的注意力都放在了鸟的身上,但这位聪明的老师则幽默地对同学们说:"看,我们的课多精彩,就连小鸟也被我们的课堂气氛吸引了过来。"学生们听了这句话都笑了,接着很快又进入了专心听讲的状态。

卡耐基曾说过,使一个人发挥最大能力的方法是赞美和鼓励。儿童尤其喜欢赞美和鼓励。教学中,教师和同学鼓励的话语、满意的微笑、赞许的眼神、默许的点头,都会使学生感受到器重、关切和敬佩,能让学生体验到成功的喜悦。作业作文中恰当的评价就像春天的细雨、冬日的暖阳,让学生如沐春风,感到愉悦。

每个孩子身上都有闪光点,哪怕只是一点点,也要抓住并加以鼓励,让他们品尝到成功的喜悦,从而激发出学习的欲望和兴趣。比如老师写作文的批语时,可以赞美学生:"你优美的文字让我看到了未来小作家的潜质。"动了真情的你可以夸他:"你用真挚的感情之墨写了你的妈妈,妈妈好幸福","面对失败你毫不气馁,越挫越勇,我相信你完全有能力成功"。不少同学反映,因为爱看评语而变得爱写作文了,有的同学甚至在作文本上给我回写他的感受。我还经常把写得好的作文拿到课堂上来读,让大家都来分享他成功的喜悦,激发他下一次写作的兴趣。我们班的黄同学、王同学正是在这种兴趣热情的感召下,变完成任务为乐写善写,写作能力突飞猛进。我们班的刘同学更是一个典型的例子,他的数学、英语成绩都在 20 分以下,语文成绩也平平,在我几次把他的作文在班上读过之后,他对作文产生了浓厚的兴趣,据他妈妈讲,他对作文书爱不释手,有时连上厕所都拿着。在这种强烈兴趣的感召下,当然会有丰厚的收获,在一次期中考试中,他获得了 39 分(满分 40 分)的好成绩,而更让我欣慰的是我在他的作文中看到了这样一段话:"劳动课上偷偷跑到操场上去打篮球,被赵老师抓住,赵老师狠狠地批了一顿,我却很想对她说一句谢谢,又觉得太俗,其实能得到这样一位好老师的教导,也实在是一种幸福。"

#### 四、"激趣语文"更要把从课堂上激起的兴趣和情感体验延伸到课外

众所周知,语文学习仅靠课堂上这点时间是远远不够的,文字的积累、思维品质的提升、情感的体悟,更多的是要依靠学生课外的自主学习,这就需要教师把从

课堂激起的学习兴趣延伸到课外，这样才能让学生加深理解和体验，有所感悟和思考，受到情感熏陶，获得思想启迪，享受审美情趣。要想保持学生学习的连续性，就需要介入有效的刺激，来保持学生学习兴趣，并把这种兴趣延续到课外。

如竞赛式结尾。特级教师魏书生认为，大脑处于竞赛状态时的效率要比非竞赛时的效率高得多，即使对毫无兴趣的智力活动，学生因希望竞赛取胜而产生的间接兴趣，也会使他们忘记事情本身的乏味而兴致勃勃地投入到竞赛中去，积极鼓励学生参与到比赛活动中来。在课堂上，教师可针对教学内容和学生特点，开展个人间或小组间的比赛。如教授古文诗歌等内容时，可以开展朗诵、背诵比赛；讲授思辨性的文章时，可以开展辩论会；讲授小故事、戏剧类的文章时可以组织表演；讲授名人读书类的文章时，可以组织学生开展读书活动，评选读书小明星。这些活动既可以放在课堂，也可以延伸到课外，让学生在课外同样感受到语文的魅力，在潜移默化中爱上语文，从而激发学习语文的兴趣。

语文教材中有很多感人至深的名篇，如《背影》《秋天的怀念》，这些文章语言朴实，看起来平淡无奇，却蕴含了作者刻骨铭心的亲情。但很多老师都有这样的感受，教这样的文章感动的往往是教师自己，许多学生对亲情的理解仅仅停留在"端茶送伞"的层面上，对于文章从父亲背影中折射出的深沉博大的亲情，不能深切体会。于是，我给学生布置了一项特别的回家作业：每天观察父亲或母亲的背影半小时。一个星期以后，我让学生根据观察完成命题作文《背影》，课堂上出现了以前少有的全班埋头写作的情景。看着学生一篇篇充满真情的作文，我被文章中的真情深深地感动了。

其中有一个学生是这样写的："经不住我的软磨硬缠，妈妈终于答应让我观察她的背影，不过有个条件，就是我必须替她捶背……才捶了一会儿，妈妈便不时地回头叫我歇歇手，还不停地说'谢谢了，好女儿！'……捶完了，妈妈特意去煮了两个蛋给我吃，还对我连声道谢。我回到自己的屋里，眼泪一下子就涌了出来。这是我生平第一次照顾妈妈，妈妈却对我谢了又谢，而十四年来妈妈无微不至地照顾我,我谢过妈妈了吗? 我为妈妈做得太少了……"看到这样文字,我由衷地笑了,这就是我希望达到的效果。

学生的兴趣不是一时半会儿就能培养得起来的,教师要有耐心,要加强自我教学技能的训练,深究教学激趣艺术。所谓教无定法,对于形式各样的激趣方法,语文教师要灵活慎用。不单应注重在课堂中对学生学习语文兴趣的培养,更应注重在课后培养学生学习语文的兴趣和积极性,让学生真正喜欢上语文,让语文教学焕发出无穷的魅力。夸美纽斯指出,教师应该负有激发学生学习兴趣的责任。兴趣是一种个性心理特征,它是在一定的情感体验的影响下产生的一种积极探究某种事物或从事某种活动的意识倾向,可见兴趣对于教学而言,意义非常。

要一切从学生的实际出发设计教学,相信他们、尊重他们、欣赏他们,消除学生的心理障碍。课堂教学中,要满腔热忱地鼓励学生发言,多进行激励性评价,多为学生提供展示自己的机会,真正把学习的主动权还给学生。

## 课程设计　快乐国学

### 一、 课程背景

国学是以中华五千年传统文化经典为基础发展而来,其中蕴涵了大量的礼仪风俗、人文智慧、成语典故、伦理道德等中国文化精髓。经典可以开启智慧、可以陶冶情操、可以唤醒道德、可以造就完人。就形式而言,国学是中华文明的载体;就内涵而言,国学是中华民族精神的集中体现。国学经典,是中华民族思想河流的源头。读一部经典,胜读万卷杂书。

随着科技进步,人们的物质生活日益丰富,人们精神生活的缺乏显得越来越突出。信仰危机、理想缺失、道德失范、心态失衡、个性扭曲等，已经成为阻碍当代社会健康发展的突出问题。寻找人类共同的精神家园，重塑人文精神是时代赋予人类的一项重要使命。目前，对中学生进行国学教育的效果并不乐观。人文教育的淡化，使中学生对人类历史文化遗产，尤其是我国历史文化缺乏基本了解，因而也就缺乏应有的人文修养和道德情操。今天中学生对国学知识的不足与欠缺，直接导致他们对我国深远的古代文明产生困惑，对我国灿烂的古代文化产生隔膜，中学生民族自豪感、自信心和爱国心缺失也就成为必然。

国学教育是加强中学生综合素质培养的有效途径。现代社会对人才的需求，愈来愈注重人的综合素质，加强当代中学生的国学教育，利用和借鉴优秀传统文化的精髓，对于构筑中学生精神支柱，增强他们文化内涵，提高他们的综合素质有着重要意义。

## 二、 课程目标

1. 了解国学经典，认识国学经典在一个人成长过程中发挥的重要作用。

2. 掌握主题式学习的基本方法，学会朗读和诵读，乐于背诵积累国学经典精粹篇章，增强文化底蕴，培养语文素养。

## 三、 课程内容

本课程共 8 讲，每讲 4 课时，按照螺旋上升、由浅入深、由易到难的原则，安排课程内容，每一讲包括 2 篇主体课文。

第 1 讲：先秦经典文化著作。（4 课时）具体内容包括："认识作者""释词解字""思考启发"三部分，朗读、积累、阅读、国学经典实践活动四部分。

第 2 讲：先秦南北朝诗歌精选。

第 3 讲：诗骚风采。

第 4 讲：民歌神韵。

第 5 讲：唐诗揽胜。

第 6 讲：宋诗精粹。

第 7 讲：先秦南北朝散文。

第 8 讲：唐宋散文。

## 四、 课程实施

从中华传统文化经典著作中精选自编教材，利用互联网、多媒体课件、音像资料等，在社团教室和多媒体教室完成。适用于 6—9 年级所有学生。

1. 诵读：以朗读、背诵为主，以理解为辅。采取各种形式让学生进行诗词朗读，激发了学生的阅读兴趣，而且学生在朗读中也会有所感悟，为下一阶段的赏析奠定了良好的基础，也有利于培养学生的语言理解能力。

2. 擂台赛：可采用中国诗词大会的形式组织学生进行吟诵比赛，这能激发学生学习的兴趣，并提升其文化修养。

3. 情景体验：组织学生观看中国诗词大会录像，在观看体验中明晰情感。

## 五、 课程评价

1. 对学生的评价分别从"课前准备、参与态度、知识掌握、技能应用、成果展示"五方面进行综合测评。考评分"平时考核"和"期末综合评定"两部分：平时考核内容包括出勤情况、提问检测、作业情况、资料收集情况；期末综合评定内容包括背诵积累篇目、自主阅读篇目、基础知识考核、专题创作等。

2. 考评按照学生自评、互评与指导教师评价相结合的原则进行，最后形成综合评定等级。其中,自评权重为 20%,互评权重为 30%,指导教师评价权重为 50%。

3. 学生评价等级分为优秀、良好、合格与待合格四级。80 分及以上为优秀,70—79 分为良好,60—69 分为合格,60 分以下为待合格。

（撰稿者：赵庆艳）

# ┃乐享地理┃
## 醉人风光一览无余

### 课程主张　快乐游世界

乐享地理是一种教学智慧,学会乐享地理,可以使教师在面对犯错误的学生时保持平和的心态,也可以使教师学会信任学生,还可以使教师积极探寻最恰当的教育方法。乐享地理也是一种教学策略,在教学中实施乐享地理可以强化学生的思维能力,也可以提高学生的自主学习能力,还可以有效改进课堂提问的方式和效果。乐享地理更是一种教学艺术,教师要耐心地用乐享地理去唤醒学生智慧的火花,用乐享地理使教学充满成长的气息,使师生共同演绎课堂的精彩。

乐享地理是为实现教学目标,为完成教学任务。教师在乐享地理意识的指导下,对教学活动各个环节实施有效措施,对教学进行改进、调节和控制。乐享地理以促进学生的长远发展为目的,主张对学生进行人文关怀,尊重学生的个体性和差异性,在教学过程中给予学生充分发挥和自主发展的机会,实现全体学生的共同进步。

### 一、在对教学起点的确定中应用乐享地理

充分了解学情可以为教学起点的确定提供行动指南,从而为教学设计提供先导条件,实现"以学定教",充分体现了"慢即是快"。

运用乐享地理了解学情需着重把握以下几方面：一是内容全面，即不仅要了解学生的地理知识和技能基础，还要了解学生的学习风格和个性差异。只有了解所有学生的地理学习背景，才能明了学生学习基础的差异程度，为新知识传授前的拉齐教学起点工作提供信息，更好地找出教学的切入点，明确学生地理学习的重点和难点。二是要多角度研究教材，即在熟悉教材内容的基础上，多角度挖掘教材内容的呈现方式，以适应学生不同的学习风格和个性差异，找到最合适的教学切入点。三是要时间充分，即教师要一直具有学情意识，能够充分计划好时间进行学情分析。了解学情的方法主要有测验法、谈话法、观察法等，每种方法的实施都需要有充足的时间，才能保证达到良好的效果。四是注意由静态转向动态，即不能把一次了解的情况作为定论，要多次进行了解，随时更新对学情的认知，构建动态的"学情地图"。

## 二、 在制定教学目标时运用乐享地理

乐享地理主张根据学生不同的学习背景和水平，在制定教学目标时体现一定的层次性和梯度性。教学目标层次分明并且目标实现过程梯度化，可以使教师对不同层次的学生制订不同的辅助计划，从而在乐享地理中实现全体学生的进步。

乐享地理以促进学生的长远发展为目的，主张教师在教学中能够耐心乐享地理，给学生留出充足的自主发展的空间，因此，在制定地理教学目标时，教师要注意使教学目标具有发展空间和激励作用。

## 三、 将乐享地理思想渗透在地理作业中

推荐式作业，不仅可以发挥学生的主体意识，培养学生的责任感，提高学生的学习兴趣，还可以进一步缩小学生之间的差异状态，拉齐下节课的教学起点。

开放性作业可以把学生置于一种动态、开放、现实、实践、自主的学习环境中，这有利于提高学生发现、探索、分析、解决问题的能力。

开放性的地理作业可以有以下几种类型：一是文学型作业，例如某地的考察报告、参观展览的观后感、地理学习心得等；二是艺术型作业，例如地理故事表演、地理歌曲填词、地理绘画等；三是活动型作业，例如地理小实验、地理小讲堂、地理小游戏等；四是探究型作业，例如地理观测、地理科研小项目、生活地理调研等。

## 四、 利用乐享地理调控教学节奏

教学节奏是否协调，是衡量一堂课教学效果好坏的主要标尺。乐享地理倡导教师不做毫无价值的无为的乐享地理，而是要在乐享地理中寻觅良好的教育时机，为学生搭建发展的平台，教育良机的衍生需要良好的教学节奏。

乐享地理主张教学情境的铺垫和教学氛围的营造，这可以避免学生对强行灌输知识行为的排斥，在学习过程中保持身心愉悦，从而让学生更容易接受抽象的新知识，最终实现良好的教学效果。

教学中的乐享地理是对学生自我发展的乐享地理，因此教师应充分利用课堂教学的每一个瞬间，给学生留出自我发展的机会。地理知识除了需要教师的讲授，更需要学生的自我学习，每一个环节都不能过分倚重，需要合理安排教学环节，要既能保证知识有效传递，又能够给学生预留充分发挥的空间。

课堂提问促使课堂由"教"转向"学"，是课堂中碰撞出创造力与个性发展的火花的有效载体，更是呈现教学双边互动的最佳方式。而乐享地理强调教师和学生都能在乐享地理中获得发展，因此在课堂提问中应用乐享地理，不仅可以使教师充分与学生沟通，及时获得教学的反馈信息，也可以使学生在乐享地理的时间内主动思考，同时体会到教师的期待，这有利于和谐师生关系的构建。

## 五、 在教学评价中运用乐享地理

乐享地理主张尊重学生的主体性和差异性,关注学生的终身发展,因此地理教学评价应体现出人本关怀,对学生不做决定性的评价,而是以评价的方式鼓励学生、引导学生,为学生的健康成长服务。

延迟性评价即推迟对学生的评价,是美国奥斯本(Osborn)首创的"头脑风暴法"与中国教育科学研究院研究员华国栋的"差异教学论"在教学评价中的综合应用。延迟性评价倡导的是对学生的理解和尊重,实施延迟性评价不仅为学生拓宽思维提供空间,也为学生集思广益、迸发创新的火花创造条件。

美国教育测量专家瑞克·斯蒂更斯(Rick Stiggins)认为,表现性评价是"为测量学习者运用先前所获得的知识解决新异问题或完成特定任务能力的一系列尝试"。表现性评价强调任务的真实性、内容的多元性以及标准的开放性,即任务要与生活密切相关,内容要涉及学生的认知、技能与情感态度多方面,以及评价标准更关注学生完成的过程。乐享地理主张给予学生展现主体性、个体性和创造性的机会,加深学生对学习过程的体验,重视其学习情感态度的养成,这与实施表现性评价的目的不谋而合。

多元化评价主体是指评价的执行者由单一的教师转向教师、学生、家长等多个主体,共同参与评价。实施乐享地理的主要目的就是要让学生在教师的乐享地理中尽可能地自主发展,用教师的乐享地理获得参与教学过程的机会,因此,乐享地理在评价主体多元化中关注的主要是学生参与评价。

所谓"授人以鱼,不如授人以渔"。教师只有引导学生利用学到的方法主动探索、亲身体会,才能真正地学到本领,学生这种主动探索、亲身体会的过程就是学生自悟的过程。运用乐享地理引导学生自悟有利于培养学生主动学习的习惯以及自主学习的思维模式。

学生之间更容易产生共鸣,利用共鸣引导学生互相评价可以让学生获得更自由的发挥,教师通过学生互评结果得到的反馈信息更有针对性,这样既让学生体验了学习到总结成果的完整过程,又能增进学生间的感情,还有利于学生互相学习、共同进步。

正如每一株植物静待开花的时间一样,孩子的成长同样也需要恰当的乐享地理,让教育实践多一些有意义的乐享地理,各种醉人的景色必将相约呈现。乐享地理不仅是教师对学生的尊重和爱护,更是教与学的磨合、教与学的默契。适时乐享地理,能创造出课堂教学的无限精彩。

## 课程设计  趣味地理

适合年级:六、七年级

## 一、 课程背景

义务教育地理课程是一门兼有自然学科和社会学科性质的基础课程,具有区域性、综合性、思想性、生活性和实践性的特征,因此对学生的认知能力以及应用能力都有较高要求。同时,在当代全球化的背景下,地理的学习更加注重学以致用。

新课程基本理念提出:学习有用的地理。有用包括两方面:对生活有用和对终身发展有用。因此,在义务教育阶段要构建开放的地理课程,要着眼于学生创新意识和实践能力的培养。趣味地理课程的设计正是从这一理念出发,设计了涉及面较广的内容,充分利用校内外的课程资源,拓宽学习空间,采用多样的地理学习方式,在激发学生地理学习兴趣的同时,也能对学生的全面发展起到一定的促进作用。

## 二、 课程目标

1. 具备宏观认知的能力,通过观看地理类纪录片,学会从全球化的视角认识中国地理以及世界地理。

2. 具备创新意识和创造能力,通过动手操作类的实验以及模型制作,学会在做中学。

3. 练就探究能力,通过对小课题的探究,学会资料收集、数据推理等探究方法。

## 三、 课程内容及实施

一共四个版块,具体内容如下:

版块一:环游大世界。

第1讲　人民币背后的地理故事(一)。1元和5元人民币背后的地理景观,观看相关纪录片,探究相关地理知识。

第2讲　人民币背后的地理故事(二)。10元和20元人民币背后的地理景观,观看相关纪录片,探究相关地理知识。

第3讲　人民币背后的地理故事(三)。50元和100元人民币背后的地理景观,观看相关纪录片,探究相关地理知识。

第4讲　地理中国。观看中央科教频道《地理中国》纪录片,了解中国神奇的地理景观。

第5讲　航拍中国。观看纪录片《航拍中国》,探索中国大好河山。

第6讲　鸟瞰地球。观看纪录片《鸟瞰地球》,从高空视角探索地球的奥秘。

版块二:艺术创造家。

第1讲　简易地球仪的制作。

第2讲　地球灯罩的设计(一)。

第3讲　地球灯罩的设计(二)。

第4讲　简易望远镜的制作。

第5讲　三球仪的制作。

版块三:地理文化馆。

第1讲　二十四节气(一)。认识二十四节气,诵读二十四节气歌。

第2讲　二十四节气(二)。认识节气中的"春"。

第3讲　二十四节气(三)。认识节气中的"夏"。

第4讲　二十四节气(四)。认识节气中的"秋"。

第5讲　二十四节气(五)。认识节气中的"冬"。

版块四:礼仪小卫士。

第1讲　航空安全知识。观看航空安全知识讲座。

第2讲　我是小空姐。了解空姐礼仪规范。

第3讲　我是小空少。了解空少礼仪规范。

第4讲　情景剧表演。模拟飞机中情景,感受空姐、空少工作的魅力。

## 四、课程评价

1. 对学生的评价分别从"参与态度""知识掌握""技能应用""成果展示"四个方面进行综合测评。考评分为"平时考核"与"期末评定"两方面。

2. 平时考核权重为40％,期末评定权重为60％。

3. 考评按照自评、互评、指导教师评价相结合的原则进行,最后形成评定等级。

4. 学生评定等级为 A、B、C、D 四个等级：85 分及以上为 A，75—84 分为 B，60—74 分为 C，60 分以下为 D。

5.《趣味地理》学习评价表。

| 姓名 | 评价内容 | | | | 平时考核 40% | | | 期末评定 60% |
|---|---|---|---|---|---|---|---|---|
| | 参与态度 | 知识掌握 | 技能应用 | 成果展示 | 自评 | 互评 | 教师评价 | |
| | | | | | | | | |
| | | | | | | | | |
| | | | | | | | | |

（撰稿者：朱亚平）

# 第二章

## 关键学习素养：学科课程的愿景

学科课程建设关注的焦点由培养"知识能力"转向培养"关键学习素养"，以群落的架构，形成多元支持、多向策应、多方聚力的融合驱动。在资源融合、途径开拓与情境范式多样化的学校课程实践中，发挥校本运作的既有优势与纵深潜力。学校注重学生的主体性和差异性，注重在不同学生原有的生活经验和学习基础上，紧紧地抓住课堂教学的艺术性和学科性两个基本属性，助推学生学习，努力创造适合每一个学生发展的教育环境。

学校聚焦学习意识、学习方法、学习能力，着眼对学科学习价值的挖掘，培育学生学习的核心技能，提升学生的品质。并充分发挥学科优势，发掘学科融合的内在价值：培育学生提出质疑的能力、探究问题的方法、坚毅品质、创新精神、反思意识。根据研究发现培育学生核心素养的方法，并在课程中落实，不过这不是单一对应的，而是具有融合性的。

学校以"关键学习素养"为导向，以课程规划为载体，实现课程建设从理念到方案的转化再到现实的落地；教师在学校指引下开发跨学科的融合课程，课程品质随教师主动意识和专业水平的提升而提升；学生在课堂上体验以真实问题情境为中心的跨学科学习，配合新的资源和评价方式，实现知识内化为思维再到素养的学习效果。

由此得出，基于"关键学习素养"的学科课程整合必然超越传统的学科本位的教学方式。实现课程规划、科目与课堂教学层面合力推进，也以素养为引领综合设计与实施各个课程要素，并改变课程组织及制度，以适应整体变革。

清晰的课程愿景。在学校发展上明确了办学目标：在注重学生的主体性和差异性、注重不同学生原有的生活经验和学习基础上，努力创造一种适合每一个学生发展的教育环境。培养学生人文素养、科学素养、身心素养、交往素养。通过学校的"自能教育"，打造文化校园；通过构建"1＋X"课程群，推崇自能课堂，倡导魅力教师，培养基础扎实、情趣高雅和富有创新精神的二中学子。

充分的课程需求。基础教育的根本目的在于满足儿童基本的学习需要，这就要求尊重学生的经验，把学生从大人世界的控制下彻底解放出来，全面关注学生的发展和个性培养，让课程走向综合化及现代化。我们基于这一目的，有选择地开发和实施校本课程，为学生提供更为平等、优质、多样、多元的课程选择。

落实"为了每一个学生的终身发展"的教育理念，着眼于学生的长远发展和社会文明进步的需要，扎实素质教育过程，让学生有个性地快乐成长，让学生的个性特长得到进一步发展,学生的个性潜能得到激发,学生的实践能力、创新意识和创新精神能显著增强。我们继续探索和开发校本"1＋X"课程群,就是为了让学校有更多具有鲜明时代特征的校本的特色课程,让这些课程成为影响学生终身发展的课程。

# 自英语
## 给孩子们通行世界的力量

---

### 课程主张　有一种英语很"自在"

　　所谓"自英语"课堂,是指教师点燃孩子内心的火焰,让他们自觉自悟,做主课堂,在学习英语的同时精神得到成长。教师在引导学生进行自我提升的同时,也收获自己的成长,实现教学相长。

　　一切真理都要由学生自己获得,或者由他们重新发现,至少由他们重建而不是简单地传授给他们。"把课堂还给学生"已经呼唤很长时间了,但这个问题仍然没有得到有效解决。我们的教师有个特点:太爱讲,太迷信自己讲的内容。出现这种现象可能有三种原因:一是不相信学生,总喜欢把自己领会理解的东西直接告诉学生,总觉得学生自己是领会不出来的;二是本应由学生完成的,教师总是自己去讲,只要求学生"知道""记住";三是为了更好地控制课堂教学,让学生围着自己转,特别是一些所谓的公开课、优质课。不管是哪一种,学生要么是认真的听众、观众,要么是被教师支配的活的木偶。本应是课堂教学主体的学生,完全成了帮助教师完成"教学任务"的配角,与课堂教学本来的目的相去甚远。

### 一、自我意识: 点燃孩子内心的火焰

　　苏霍姆林斯基在《请记住,没有也不可能有抽象的学生》中写道:"教学和教育

的艺术就在于，要使每一个儿童的力量和可能性都发挥出来，使他们享受到脑力劳动中的成功的乐趣。"他周密地考虑每一个学生在上课时应做些什么，细心地研究每一个学生，真正走进学生的心灵，他把教育工作做到了极致，他追求把每一个小细节都达到卓越。而这一切，需要教师花费很长的时间和巨大的精力。要让学生有自我意识，教师必须先自我觉醒。

### （一）帮助自卑者找回自信，让自信者更自信

成功的教育是爱的教育，爱能激发学生的学习热情，能给学生以勇气和信心。一个人只有对自己充满自信，才会对取得成功充满渴望，才会去拼搏、去奋斗。有些学生平对很难听到老师的夸奖，对他们来说，受责备反而是家常便饭，久而久之也就失去了自信心和自尊心。作为教师，对他们首先要有信心，要多给他们关心和爱护；对他们要多一些表扬，少一些批评和责备；平时多和他们谈心，了解他们的心理，倾听他们的心声；要常对他们说"你能行，老师相信你"。这对学生来说，就意味着得到了老师的重视、关怀和期待，对培养他们的自信心起着重要的作用；要让学生意识到"老师认为我会成功"，进而产生"我一定会成功"的信心。

### （二）因材施教，形成自主学习的能力

引导学生意识到："在进入课堂之前，我是一个有准备的人。"为了使学生的预习具有指向性，并达到预期的效果，教师应该对学生的预习内容有明确的要求，并进行有目的的设计和布置，这会使学生的预习起到事半功倍的效果。不同学生的认知水平、知识基础都有所不同，所以对学生的预习要求要因人而异。在英语教学中，教师要有意识地帮助学生形成适合自己的学习策略，帮助学生有效地使用学习策略，这不仅有利于他们把握学习的方向、提高学习效率，而且还有助于他们形成自主学习的能力，进而为终身学习奠定基础。

### (三) 唤醒内在的力量, 为学生打开一扇窗

美国最有影响力的老师雷夫·艾斯奎斯说:"我的工作不是拯救孩子的灵魂, 而是提供机会让他们拯救自己的灵魂。"让孩子有自救意识——自己拯救自己, 就是不断地引导孩子走向"自能发展"的道路, 这是最关键的。有一个故事是这样的, 一栋房子着火了, 当消防员赶到的时候, 发现有一个人在沉睡, 他们努力想搬动这个人, 却发现搬不动。正在他们一筹莫展的时候, 消防队长说:"把他叫醒, 只有他自己可以救自己。"处于沉睡中的人, 是无法被消防员拯救的, 教育也是一样。教师帮助学生唤醒他内在的力量, 同时必须放手让学生自己发展。教师的工作, 是为学生打开一扇窗, 但走进来必须是学生自己的事情。因此, 不是把学生牢牢地抓在手上, 让他们向着我的意志发展, 而是选择放手, 让学生成为自己的主人。

## 二、 自主课堂: 我的英语我做主

课堂不仅是教师讲授、表演的舞台, 更是学生自主学习、研究、交流的场所。作为教师, 应该引导学生在英语课堂上发挥他们独特的个性、才能, 从而自觉、自悟。

### (一) 教师要给予学生预习的时间

预习很重要, 预习对于所有学生来说, 都是一种良好的学习习惯, 尤其是一些接受新知识速度较慢的学生。课前 5 分钟预习, 可以让他们在思想上有一定的准备。学生可以通过预习初步了解本节课所要学习的内容, 可以很好地培养自学能力。随着从小学到初中教学内容的难度不断增加, 课堂上能给予学生思考的时间会越来越少, 有些教师舍不得在课堂上留给学生一些预习时间, 总是从一开始就牵着学生的鼻子走, 生怕浪费了宝贵的时间。但是俗话说得好, "磨刀不误砍柴工"。如果没有课前预习就上课, 学生课前没有准备, 必然会影响听课效率, 学生始终不能真正地成为课堂的主人;反之, 如果进行课前预习, 带着问题来听课, 课

堂效率就不言而喻了。所以,预习是一堂课的前奏、一个重要环节,我们教师应该要让预习成为英语课堂重要的一部分,给学生留出时间进行预习。

### (二) 教师要给学生思考的时间

有时教师在课堂提问后,总是有一些迫不及待,总是抛出问题后就希望立即有学生举手回答,恨不得自己把答案告诉学生。当学生不能立刻回答时,便不断地重复问题,或者另外提出一些问题来缓和当时冷场的气氛。问题提得又多又快,思考时间不充分使大多数学生反应不及。即使有学生能够回答出问题的答案,那也只是部分优秀学生,他们在学困生还没有完全反应过来是怎么一回事的情况下就说出了答案。有些学生学习基础差,对知识的掌握不够牢固,思维的反应速度比较缓慢。在课堂上,他们对于旧知识都是一知半解,怎能对教师的提问马上做出反应呢? 如果他们长期失去参与的机会,失去自信心,差距会在无形中越来越大。所以,给他们充分的思考时间,通过生生活动让他们在讨论的过程中向同学请教,从而让他们对知识的理解变得明晰起来,相信他们在老师耐心的等待下一定会举起手并积极发言的。

### (三) 教师要给学生质疑的时间

这里所讲的质疑,是指学生在学习过程中向教师或其他同学提出疑难问题。爱因斯坦说过:"提出一个问题往往比解决一个问题更重要,因为解决问题也许是一种技能而已,而提出问题则需要有创造力。"由此更可见质疑的重要性。可是,传统教育却恰恰没有给学生的质疑解惑留下余地,往往是课堂上老师精心设计出种种问题,制定出标准答案,再一步步引导学生向事先挖好的"陷阱"里跳。当然,学生所提出的问题绝不会都是有价值的,有的甚至是非常幼稚的,然而这正是他们探索未知领域的开始。学生问得越多,就表示他们想了解的知识越多。学生问得多了,教师就也不必要再提过多的问题,因为学生都问过了。

### (四) 教师要让学生成为课堂的主角

爱因斯坦说过:"兴趣是最好的老师。"学生语言能力的高低在很大程度上受制于英语学习兴趣的程度。学生没有学习的兴趣,怎会有动力? 因此,英语学习,兴趣为先。一旦学生在听课和操练过程中出现疲劳状况,教师应采取新的教学方式和内容来保持和激起学生的学习热情。例如,在日常教学中,结合教材,适当地植入一些西方文化知识:西方人怎么过节,他们的饮食习惯如何,等等。这样既可以引起学生兴趣,活跃课堂气氛,又能让学生更好地学习英语。

例如:在八年级第一学期 Chapter 5 中,主题是 Disney, Walt。这是一个很好的教学内容,也是一个让学生了解西方知识的很好契机。因此,我在设计教学环节时,添加了相关内容:

a. 事先布置 Free Talk 的题目: Talk about Disney Walt and the Disneyland。

b. 准备一首卡通歌曲 *Beauty and Beast*,让学生欣赏,并在欣赏完后提问。这首歌曲的名字是什么? 谁能够再唱一遍或是唱一两句? 你能在哪里看到剧中的任务? 在这个地方,你还能看到哪些卡通人物?

c. 设计拓展阅读,更好地了解课文主人公。回家作业中有这样一项作业:收集更多有关于迪斯尼乐园的信息并相互进行交流。

学生在课上表现得很积极。首先,学生对本课内容很感兴趣。卡通漫画以及迪斯尼乐园本来就吸引这个年纪的学生。现在,让他们在课堂上学习有关内容,他们当然很感兴趣。其次,学生们在收集了相关资料后,做了一定的准备,都有所讲,都乐于讲,都勇于讲,参与面较广。此外,教师设计的相关环节,例如卡通歌曲等,都让学生产生了浓厚的兴趣。

### (五) 教师要改善教学方法

打破传统的教学模式,努力实现从"以教师为中心"到"以学生为中心"的转变,教师应充当启发者、引导者及帮助者,而不是替代者。例如先学后教。让学生对所学知识先进行自主学习,掌握力所能及的基本知识和基本技能,然后教师针对学生自主学习中暴露出来的问题,再修改生成有效的课堂教学设计,使重点难点得以突破。例如英语单词的教学。词汇是语言的基础。作为英语基础知识的组成部分,词汇在语言学习过程中起着重要的作用。如果学生对词汇理解掌握不深入、不牢固,这势必影响到其对词汇的正确运用。英语能力的提高在很大程度上取决于词汇的扩展。在教新词前,我经常让学生先自己读,然后让他们在组内相互讨论、分析、做比较,在思考之后再读出其发音,猜测其词性转换,以及在不同句子中的运用,教师最后予以确认。这样一来,既避免了传统教学的死记硬背,又让学生加深了对该单词的理解与记忆。同时,学生在课堂上自主学习单词的时间要远远多于教师点拨的时间。

### (六) 教师要创设自主氛围

要建立民主平等的师生关系,营造学生自主学习的氛围。教师在课堂上不但要有亲和力、感染力,而且要参与到学生中去,与学生一起表演,成为学生们的玩伴,这样才能使学生卸下思想包袱,尽情地表现自己,发挥其聪明才智和想象力。一开始,让学生大声朗读,他们都不读,老师就领着先读,读出感情,感染学生,让学生也想读,产生读的愿望,然后大家齐读,再一个一个读;让学生表演,学生都不演,老师就又唱又跳地先表演;有的学生找不到合作伙伴,老师就当他的伙伴。让学生参与的关键是创设一种氛围,关键是老师做表率,让同学放松下来,大家都在说,不爱说的也就跟着说了。

### 三、 自我修行： 语言学习与精神成长

学习是一种自我修行。孔子说:"古之学者为己,今之学者为人。"意思是古人学习是为了提高自己、充实自己,今人学习是为了炫耀于人、取悦于人。事实上,

真正懂得学习的人,他的学习是为了自己心灵的建树,从书本上、从课堂中,乐在其中。我们要让学生在学习的同时得到精神的成长。

### (一)挖掘语言背后的文化

一个社会的语言反映着与其相对应的文化,挖掘语言背后的文化,对我们的中学生来说是非常必要的。在日常教学中,通过课内和课外相结合,让学生体悟语言背后的美。例如,让学生自己动手制作英语名言卡片。课桌是学生的一片小天地,让他们在课桌的一个小角落里,贴上自己喜欢的一二句英语格言,并时时阅读,在提醒自己做人的道理的同时学习英语的至理名言,一举两得。课后,还能与自己的伙伴相互交流,相互欣赏彼此的小卡片,在积累英语的同时,促使友谊的发展,创建和谐的班风。经过长时间的接触,他们也会对这些名言非常熟悉,同时,也增强了学习英语的氛围。大部分学生所挑选的名言警句都与自己现有的学习生活密切相关。

例1:小邱同学英语学习非常薄弱,每次考试都在30分左右,他为自己挑选的名言警句是 Clumsy birds have to start flying early.(笨鸟先飞。)

例2:小宋同学总是出言不逊,下课时,总会听到他的大嗓门。他为自己挑选的名言警句是 Behind the mountains there are people to be found.(天外有天,山外有山。)

例3:小冯同学是英语课代表,平时学习非常努力,英语成绩一直名列年级前茅。她为自己挑选的名言警句是 Faith can move mountains.(精诚所至,金石为开。)从这句话中,就可以看出她的毅力与志向。

这些名言警句都是英语文化的精髓,一句话虽然不长,甚至有的只有少量的几个单词,却能表达深刻的含义。

### (二)享受活动背后的快乐

学生的生活以学习和活动为主,有益的活动可以更好地促进学生学习,让他们热爱校园生活，热爱生命，焕发青春的活力。我们要相信学生，我们要给学生提供机会。学生们也乐于参与各类活动，他们在活动中收获的不仅是知识，更是生活的智慧。我们的学校提供了很好的平台让学生去发展，例如英语节。今年的英语节以"英语点燃希望，自信成就梦想"（"Live with passion，dare to dream"）为主题，开展了形式多样、丰富多彩的活动，这些活动吸引学生积极参与，激发了学生对英语学习的热情，让学生学习到了课本中学不到的英语知识。本次英语节，各班制作了精美的展板：挑选美文共欣赏；交流英语国家的信息，包括节日、人物、表达习惯等；了解最新的科技知识。同时，根据各班展板内容，还专门策划了一次"校园寻宝活动"，以一种不同的形式让学生们在游戏中学习与运用英语，感受英语的乐趣。同时，作为上一届英语节的保留项目，此次的英语节也保留了英语猜字谜活动。为此，负责老师精心准备了近百道字谜、丰厚的奖品，吸引了很多学生参与，人气很高。并且各年级各班都准备了节目，在组内向其他班级展示。学生们自编自导自演的节目常常博得在场师生的开怀大笑。每次英语节，都会在全校师生心中留下美好、难以忘怀的回忆，并且大家都一同期待着明年的英语节。

除了英语节，还有其他相关活动，例如升旗仪式上让学生用英语进行自我介绍等。我们要鼓励孩子们在这些舞台上展示自己，在这些平台上发光发热。他们可以在共同的活动中学会交流、合作、成长，这都是精神成长的一种表现。相信他们，放手让他们去闯荡，并及时、公正地肯定他们的成绩，当他们得到真正的情感上的自信和满足时，他们的创造力、他们的智慧就能够被我们激发。

### （三）感受赞美背后的力量

"皮格玛利翁效应"告诉我们：赞美、信任和期待具有一种能量，它能改变人的行为，当一个人获得另一个人的信任和赞美时，他便感觉获得了社会支持，从而增强了自我价值，变得自信，获得一种积极向上的动力。学生需要教师的赞美，赞美是师爱的表现,是对学生的积极的肯定。教师的几句看上去普通的话语,却能激起学生心灵上的感应,使他们产生一股向上的动力,这会对他们的成长起着潜移默化的作用。有时教师通过一个眼神、微笑、鼓掌,或者拍拍对方肩膀等非语言行为,也能使学生感到一种温暖和鼓励,让他们心领神会,回味无穷。

苏格拉底说过,每个人身上都有太阳,主要是让它如何发光,教育是把人的内在潜力发掘出来的工具和方法。让学生在学习中、在活动中自能发展,收获通行世界的力量。教师在引导学生自我成长的过程中,也收获了自己的成长。引导学生提高其自主学习英语的能力并非一朝一夕的事,老师本身也必须努力提高自身素质,并认真在教学实践中不断摸索,总结教学经验,努力实现其角色的转变。只有这样,方可使学生真正成为学习的主人,培养出有自学能力的学生,达到"教是为了不教"的目的。

## 课程设计　自英语

适合年级:初一

## 一、 课程背景

"把课堂还给学生"已经呼唤很长时间了,但这个目标仍然没有完全实现。我们的教师有个特点,太爱讲,太迷信自己讲的内容。出现这种现象可能有三种原因:一是不相信学生,总喜欢把自己领会理解的东西直接告诉学生,总觉得学生自己是领会不出来的;二是本应由学生完成的,教师总是自己去讲,只要求学生"知道""记住";三是为了更好地控制课堂教学,让学生围着自己转,特别是一些所谓的公开课、优质课。不管是哪一种,学生要么是认真的听众、观众,要么是被教师支配的活的木偶。本应是课堂教学主体的学生,完全成了帮助教师完成"教学任务"的配角,与课堂教学本来的目的相去甚远。

## 二、 课程目标

1. 养成自主学习的习惯,提高自主学习能力。
2. 享受学习过程,乐于学习英语,迸发自主学习的潜能和生命活力。

## 三、 课程内容

本课程共 6 讲,16 课时。具体内容如下：

第 1 讲：自我介绍,相互介绍,分组。具体内容包括：请学生介绍自己的爱好兴趣特长及理想中的课堂。

第 2 讲：英语名言卡制作交流。收集英语名言并在组内班内交流;选择适合自己的英语名言,并动手制作贴纸将其贴于课桌上。

第 3 讲：西方文化知多少。收集独特的异国文化传统知识,相互交流;分小组知识竞答,并分小组制作展板。

第 4 讲：英语歌曲比赛。谈谈自己最喜欢的英语歌曲,并组内推选出最佳歌手参加比赛。

第 5 讲：欣赏电影《冰川时代 5》。收集资料并交流,选取影片中的某一段进行配音模仿。

第 6 讲：课本剧表演。

## 四、 课程实施

课时安排：每周 1 课时，共计 16 课时。选择在教室和多媒体教室，配以自编教材、互联网平台、多媒体课件、音像资料等教学资源，共 40 人，分 5 组，每组 8 人。

### （一）启发讲授

让学生可以在很轻松的环境中掌握形式多样的语言表达和地道纯正的英语口语发音。通过唱一唱、演一演、比一比等多种形式，锻炼学生的口语和发音，提升其英文表述能力，从而有效地促进其英语思维能力的发展。

### （二）资料收集

通过网络、报刊、书籍等收集教学资料，教师归纳整理，积累好句。

### （三）表演访谈

学期结束开展英语表演汇报，从而有效地促进学生提高英语思维能力。

## 五、 课程评价

1. 对学生的评价分别从"课前准备、参与态度、知识掌握、技能应用、成果展示"五方面进行综合测评。考评分"平时考核"和"期末综合评定"两部分：平时考核内容为出勤情况、提问检测、作业情况、个体创作；期末综合评定内容为英语口语、英语写作、基础知识考核、专题创作等。

2. 考评按照自评、互评、指导教师评价相结合的原则进行，最后形成综合评定等级。其中，自评权重为 20％，互评权重为 30％，指导教师评价权重为 50％。

3. 学生评价等级分为优秀、良好、合格与待合格四级。80 分及以上为优秀，70—79 分为良好，60—69 分为合格，60 分以下为待合格。


（撰稿者：邓莲龚）

## 生活语文

## 处处语文，陌路花开

课程主张　语文生活化，生活语文化

生活语文就是把学校生活、家庭生活、社会生活有机地结合起来；把教语文同教做人有机地结合起来；把传授语文知识同发展语文能力、发展智力素质和非智力素质有机结合起来；把读、写、听、说四方面训练有机结合起来，从而使学生接受全面的、整体的培养和训练。

我们一直强调要树立大语文教育观，要全面培养学生的语文素养。大语文教育观主张，语文教育以课堂教学为轴心，向学生生活的各个领域开拓、延展，全方位培养学生的语文素养。然而现实中，相当一部分学生一提起语文就头痛，分析课文缺少语感，考评感悟能力差，写作文更是捉襟见肘，不知如何下笔。在很多学生眼中，语文如同鸡肋，乏味而又难以丢弃。学生的语言表达能力、阅读分析能力、写作能力都有待提高。为了调动学生学习语文的热情，激发其学习兴趣，感知语文的美好，我一直在尝试和实践把"美"语文还给学生。

### 一、让学生喜欢读书，读美好的书

高尔基形容自己对书本的喜爱"就像饥饿的人扑在面包上一样"，虽然受到信息社会的冲击。但是经过我的调查和观察，其实极少有学生不喜爱阅读的。在语文教学中,把课外阅读与课内阅读结合在一起,抛弃急功近利的教学思想,满足学生读书的渴望,这是让学生热爱语文的前提。教育学家的研究表明,人在 18 岁之前的阅读对一生的影响很大。向中学生推荐优秀读物,完善他们的心理和人格,引导他们走上正确的人生道路,是必要和有益的。鼓励学生热爱生活,激发他们的创造力和想象力,以此奠定人生道路知识和情感的基础。

教给学生读书的方法。首先是要加强诵读。梁启超就曾经说过:"不仅要阅读必要的经典,对那些最有价值的文学作品和有益身心的格言还需要熟读成诵。"那些传统经典中的好文学浇灌和滋养我们的心灵,使我们有涵养和情趣。还要批注式阅读。就是让学生自行阅读,自我圈评,直接在阅读材料上画上思索的轨迹,打上认识的烙印。批注式阅读是将未经咀嚼过的语言材料直接呈现给学生,以激起其浓厚的阅读兴趣。由于不带任何负担,加上可以自由灵活地选择,阅读对学生来说变得轻松愉悦。"与其说是一个学生在阅读,毋宁说是一个国王在消遣。"(拉伯雷语)同时,批注可以充分展示学生的独到见解,正所谓"仁者见仁,智者见智"。它为学生发散思维提供了纵横驰骋的独特阅读体验,即使这些批注是笨拙的、浅显的,甚至可能是偏激的,但是这都是学生真实思想情感的流露,因此难能可贵。它激发了学生的创新热情,这比任何讲授都来得深刻而直接。

目前在七年级,我的具体做法主要有:读书给学生听;从杨红樱的小说到《窗边的小豆豆》,从《为自己出征》到《霍金传》,再到《平凡的世界》;推荐篇目让学生摘抄赏析;每周推荐两篇名家经典散文,周六早上用电子稿的形式发至班级邮箱,学生进行阅读欣赏,然后进行摘抄和赏析,要求从两篇文章里各自摘抄一段,然后选择一篇文章写 300 字以上的读后感;请学生轮流在语文课前做三分钟讲话,按照学号排序,每天一人,形式不定,从开始的只朗读名家名段,到后来的朗读并谈感受,再至现在的自由发挥。

这几条看起来很简单,但是坚持每天做、用心做,却并不容易,不过,一旦坚持下来,成效也是显著的。一班陈同学和二班施同学的摘抄点评本可以说是艺术品,我身边的同事都啧啧赞叹,班里原来语文水平较薄弱的几个孩子也渐渐地把读后感写得有声有色,有滋有味。语文素养和语文兴趣正如同春雨润物般悄悄地渗入学生的生活。

## 二、 从生活中学习语文

美国教育家华特曾指出:"语文的外延与生活的外延相等。"如果让语文教学和生活牵手同行,把最真实的生活带到语文课堂教学中,那么生活的源泉将会赋予语文教学生命力与活力,而语文的魅力将会让生活更加诗意盎然。因此,我在平时的教学中,无论课堂里,还是课堂外,将语文教学和社会生活结合起来。

### (一) 课堂里,语文教学"生活化"

语文的外延与生活的外延相等。语文根植于生活的土壤,才会枝繁叶茂。所以,让语文教学"生活化"成为必然。语文教学"生活化",就是强调教师在传授学生语文知识和训练其语文能力的过程中,自然而然地注入"时代的活水",巧妙地把学生已有的生活经验引入到语文学习中来。

1. 转轴拨弦三两声,未成曲调先有情

课一开始,如果能合理地创设出具有浓厚生活气息、贴近学生认知的教学情境,就能最大限度地增强学生的体验,培养学生的创新想象,引起学生学习的兴趣。所以,我常常利用音乐、图片等来直观地展示课文所描述的情景。例如,在讲《青春万岁》这一课时,我先让学生畅所欲言,说说自己对青春的憧憬,说说自己到目前为止所付出的努力,再让学生将自己的学习生活环境与作者的做对比。这堂课,学生的情绪高涨,学习的热情很高。在讲《安塞腰鼓》时,我借助多媒体平台,播放"陕北高原信天游表演"的视频,场面壮阔豪迈,并配以抑扬顿挫的朗读、精心剪辑的雄壮配乐,音乐、画面、文字共同营造出与课文内容相匹配的气氛,使学生入境动情,顺利地跨越了时空距离,学生感觉到平时生活中距离遥远的黄土高原仿佛就在眼前。营造与课文教学相结合的情境能够充分激发学生的学习热情和学习兴趣,拓展学生的思维能力,实现知识的时空跨越,更有效地丰富教学内容;更大程度地发掘了学生情感、知识、智力的内在潜能,收到了良好的教学效果。

2. 问渠那得清如许,为有源头活水来

从教材来看,教学内容多源于人们的生活实践,是人们生活中一个个具体的体验、一条条宝贵的经验,是以文字形式展现在我们面前的丰富多彩的事物构成的画卷。所以,要把与教学内容有关的社会信息和日常生活中应用知识的事例纳入教学内容,使教学"回归生活"。因此,在课堂教学中,我引领学生从生活化的角度去解读文本。

拉近时空距离。有的课文内容中的一些人和事和学生所处的时空有距离,有的课文内容是学生常见和比较熟悉的生活或自然现象,但往往又是他们熟视无睹或知之甚少的,所以教学时应指导学生留心去观察生活,通过观察生活去认识生活,扩大视野,理解课文。例如,在讲《望岳》的时候,我会放映有关泰山的图片、短视频等,让学生先直观地了解泰山的主峰、怪石、云海,拉近泰山与学生在现实世界的距离,让学生仿佛置身于其中。在讲到在泰山山顶看日出的时候,就要求学生自由组队在假日时到金山海边观察日出,领略日出那壮观的美景。这样,学生通过观察来获得生活体验,进一步理解课文的内容。在讲《孔乙己》这一课时,我先播放一个有关钱的说唱视频,使课堂气氛活跃起来;再让学生说说现实生活中由"钱"引起的各种事件,让学生自己去思考、去评价;最后让学生带着思考去学习课文,亲自尝试将硬币一个一个拍在桌子上的内心感受,结合孔乙己的身世背景和遭遇,感悟他的情感波动,体会课文的主旨。这样,能最大限度地促使学生去观察、留意生活,扩大视野,将生活与语文有机结合起来。

再现生活。教材中有很多内容是对生活的描述,尤其是与学生紧密联系的生活。单凭教师的讲解,很难激起学生对文本的兴趣,但要是依托文本内容再现原有生活的情境,就很容易激发起学生对文本的兴趣,引导学生走进文本。例如,在讲《妈妈的账单》一课时,我采取角色扮演的方式,让几位学生上讲台分别扮演文中的母亲和男孩彼得,当画外音中"母亲"朗读给彼得的账单,辛苦劳作付出一切最后却说只需支付零元时,我和学生的眼眶都湿润了。让文字形象化,让学生在演绎中再现生活,在演绎中陶冶、感悟,使其对课文内容、对作者产生共鸣。

### (二) 课堂外,从文本中"走"出来

如果不让学生从文本中"走"出来,那么我们的教学仍然是教条式的、僵化的,这不利于陶冶学生的情操。所以,一堂课结束后,学生应该从课堂中"走"出来,把所学到的、感悟到的,在现实中再现。

例如,本学期,学校组织开展了不少校园活动,有不少还要求学生走出校园,走向社会。我在鼓励学生积极热情地投入这些活动的同时,也把语文学习有机地渗透进去,意在使学生在生活中、课堂外学到更加广阔的语文知识。就说说文化探访活动吧。我班先后接受了两个主题:其一是"纪念抗战胜利七十周年",其二是"访秋畅想"。这两个活动进行期间,我班级的学生有的走上了街头,有的走进了田间,还有的步入展览馆。他们行走、收集、拍摄、调查、访问、思考、交流、总结,小小的足印深深浅浅,每一步都与语文学习密切相关,却又不局限于语文。最后,班级优秀小组还走上了大舞台,用诗意的画面、诗意的语言、诗意的表演,诠释秋天里孩子们的纯真情怀,以及对秋天独特的理解和热爱。

生活是语文学习的源头、活水。因此,我们应该在语文教学中渗透学生的生活,增加学生语文实践的机会,让学生享受到学习的快乐,培养学生高尚的道德情操和健康的审美情趣,形成正确的价值观和积极的人生态度,让学生在生活中求知,在社会中成长。

孔子说过:"不观于高崖,何以知颠坠之患;不临于深渊,何以知没溺之患;不

观于海上，何以知风波之患。"这句话形象生动地阐明了知识与生活实践之间的关系。苏联教育家苏霍姆林斯基特别重视学生的生活体验和社会实践，他一周两次把学生带到野外去，到"词的源泉"去旅行。他曾说："宁静的夏天拂晓，我跟孩子们来到池塘边，印入我们眼帘的是朝霞那令人惊叹的美。于是孩子们感觉和体味到朝霞、拂晓、闪烁、天涯这些词在感情色彩上的细微差别。"语文——从生命开始，与生活同行。在我们的教学中和孩子们的学习中，应该有这样的境界：处处语文，陌路花开。

## 课程设计 醉散文

适合年级：六—八年级

## 一、 课程背景

中国散文文化经典是语言文化的瑰宝，它不仅为当代中国人所继承，而且引起世界上其他许多国家的重视，许多经典被译成多种语言，所以，让中国的少年诵读中国古代文化经典，既具有重要性，又具有必要性。

我校以"快乐学习，自能发展"为办学理念，旨在培养具有良好的人文素养、宽厚的知识素养、浓厚的探究欲望、亮丽的爱好特长的学生。诵读与积累经典散文可以培养学生高尚的情操，丰富学生的人文底蕴，进而培养出崇尚文明、厚积薄发、善于思考的人。我所任教的班级，从六年级开始"醉散文"的语文学习活动，其目的在于弘扬中国优秀的传统文化，陶冶学生的美好情操，为学生发展健全的人格与形成良好的性情修养奠基。

## 二、 课程目标

1. 欣赏古今散文名篇精华,品味语言,感受其思想、艺术魅力,形成热爱家乡自然、文化、生活的感情,提高对文学语言的感受力,陶冶性情,追求高尚情趣。

2. 从散文的阅读之中感受中华人文积淀和历史沿革,增强文化意识,重视文化遗产的传承。

3. 通过读、析、赏、诵、演等系列活动,拓展语文学习的范围,养成严谨求实、互相切磋的习惯,提高语文综合应用能力。

## 三、 课程内容

六年级:现当代儿童文学作家的散文名篇。例如,冰心的《寄小读者》《再寄小读者》、叶圣陶的《稻草人》、曹文轩的《草房子》、秦文君的《逃逃》、常新港的《树叶上的兄弟》等。

七年级:现当代散文阅读系列一(所推荐文章主要侧重于叙事散文和写景散文)。例如,七上:《读者杂志》卷首语100篇,朱自清的散文名篇《背影》《匆匆》《绿》《荷塘月色》、毕淑敏的散文《孩子我为什么打你》、老舍的散文名篇《济南的冬天》《又是一年芳草绿》等;七下:张抗抗的《故乡在远方》《天山向日葵》、史铁生的散文《秋天的怀念》《我的地坛》《合欢树》、张晓风的散文等。

八年级:从现当代文学中的哲理散文逐渐过渡到古代经典散文。八上:现当代散文阅读系列二(所推荐文章除了注重意境和文字,还应该在思想的深度上有所延伸)。例如,林语堂的《苏东坡传》、余秋雨的《文化苦旅》《千年一叹》、梁衡的《乱世中的美神》、周国平的《人生哲思录》、汪曾祺的散文《受戒》、鲁迅散文选;八下：古代散文名篇阅读欣赏。例如，庄子的《逍遥游》(节选)、荀子的《劝学》、王羲之的《兰亭集序》、陶渊明的《桃花源记》《归去来兮辞》、诸葛亮的《出师表》、杜牧的《阿房宫赋》、韩愈的《师说》、林觉民的《与妻书》、归有光的《项脊轩志》等。

## 四、 课程实施

本课程以读、赏、讲、演等系列活动来贯穿，具体实施如下：

1. 课程资源：以教师搜集的经典散文为主，兼及学生搜集的散文。

2. 教学方式：以学生的主体阅读赏析和交流研读为主要呈现形式，以教师的引导和讲授为辅，旨在激发学生阅读兴趣，培养其基本的欣赏能力。

教师的讲授主要用于：课程内容介绍；对优秀的古代和现当代散文及作家进行简要介绍；经典散文的导读(示范)；对散文的欣赏方法进行指导；对学生分组合作进行的演读表演进行指导。

3. 学习方式：所有学生最大程度地参与到阅读与欣赏之中，在活动中完成课程目标。学生的学习方式主要有：

(1) 课堂倾听——倾听教师的简介、要求和指导；

(2) 散文欣赏——每日摘抄，周末写一篇综合的读后感；

(3) 欣赏交流——以课堂两分钟讲话的形式让每一个同学轮流上台，交流自己的阅读体验；

(4) 小组合作——在学期过半时，组建合作小组，小组课外采风，寻访散文写作原址或者作家故居，积累更深更广的阅读体验(可以根据条件选择作家和作品)。然后，开始准备演读活动；

(5) 演读呈现——按照抽签顺序，小组以自己喜欢的形式开始演读，可以把朗诵、吟唱、舞蹈和对白结合起来，最大程度地呈现自己所要演读的散文之美。

## 五、 课程评价

1. 对学生的评价分别从"摘赏情况、课前两分钟讲话、合作情况、演读表现"四方面进行综合测评。

2. 考评按照自评、互评、指导教师评价相结合的原则进行,最后形成综合评定等级。其中,自评权重为 20％,互评权重为 40％,指导教师评价权重为 40％。

3. 学生评价等级分为优秀、良好、合格与需努力四级。85 分及以上为优秀,70—84 分为良好,60—69 分为合格,60 分以下为需努力。

（撰稿者：肖艳红）

**第三章**

## 关键学习素养： 学科课程的要素

　　学校根据区域育人要求和初中生的特点，拟定了"关键学习素养"，其中包含了"五育并举"的具体要求：有关"德"的"关键学习素养"为"品格与毅力"；有关"智"的"关键学习素养"为"运算与逻辑"；有关"体"的"关键学习素养"为"态度与体质"；有关"美"的"关键学习素养"为"欣赏与创作"；有关"劳"的"关键学习素养"为"服务与技能"。学生在这样的课堂中赢得了自由学习的权力，收获了学习上的自信，挖掘了自能发展的潜力，他们看到了自己在学校生活中的价值所在，也获得了健康成长的正能量。

所谓"关键学习素养",是指能驱动对知识的认识与运用的学习力与内在品质。在学校教育视角下,就是经过一系列课程之后,学生所积淀、形成的思维结构、思考方式及思想内涵。它对学习的保持与发展具有核心价值,能起到支撑基础、联结多元、驱动发展等作用。它是以作为客体层面的教育内容与作为主体层面的学习者的关键能力的统一体的形式表现出来的。

在初中学段,"关键学习素养"包含学生在学科学习中的同一基础能力要求和差异性的发展能力要求。因此,"关键学习素养"不是先天遗传,而是经过后天教育习得的。"关键学习素养"也不是各门学科知识的总和,它是支撑"有文化教养的健全公民"形象的精神支柱。"关键学习素养",是指对学生的学习和发展起到夯实基础和核心驱动作用的行为素养。学校根据区域育人要求和初中学生的诸方面特点,探索并拟定了本校学生的"关键学习素养"。其中包含"德、智、体、美、劳"五方面的具体要求。有关"德"的"关键学习素养"为"品格与毅力";有关"智"的"关键学习素养"为"运算与逻辑";有关"体"的"关键学习素养"为"态度与体质";有关"美"的"关键学习素养"为"欣赏与创作",有关"劳"的"关键学习素养"为"服务与技能"。

"1＋X"学科课程群,是学校提出的,遵循"国家课程校本实施"的原则与取向,结合区域教育的发展需求,具象为学校的育人愿景,并为加以实现而制定的课程序列。它反映了学校对教学培养目标、组织内容、执行项目的具体规划与操作落实方略。它包含两层意思:第一层,"1"表示国家基础性课程,"X"表示与学科相关的校本课程;第二层,"1"表示学科学习的同一基本要求,"X"表示学生学习中差异性的发展能力要求。"＋"不是简单的加法,而是促进"1"与"X"相辅相成,达成"1"和"X"平衡的变量。

研究通过聚焦学生在学习中涉及到的根本的、真正反映成长的关键学习力与相关内在品质,来规划与设计具有对应功能的课程方案。结合学校多年来的教育教学实践,通过长期积淀与提炼,反复筛选并发现的"以课程间的相应知识学习的联动,促成认知与建构能力的发展;以多元融合的活动,助推科目兴趣与探索能力的提升"等学科融合育人与开展综合实践活动的规律。并由此形成了本书的基本研究假设：以课程群落的架构,形成多元支持、多向策应、多方聚力的融合驱动。在资源融合、途径开拓与情境范式多样化的学校课程实践中,发挥校本运作的既有优势与纵深潜力。

## ◆ 活力语文 ◆
### 让语文课堂活力无限

### 课程主张　有一种语文活力四射

　　所谓活力课堂,它是一个充满生机和活力的系统整体,蕴藏着复杂多变的结构、情境与互动。它以促进学生发展为取向,以学生发展为根本,注重学生自主学习和实践探索,强调课堂互动,注重课堂中愉快和谐的氛围和积极向上的学习环境,让学生成为学习活动的主体,成为课堂的主人。

　　不知从何时起,我们的语文教学走向了单调乏味,走向了枯燥无趣,以至于学生们讨厌语文,害怕语文,甚至渐渐远离语文。究其原因,不是在于学生,而是在于语文教师自己,是我们用死记硬背、机械训练等保守固执的教学方式关上了语文乐园的大门,让学生们在这个知识的宝库面前,望而却步。新课程标准让教师越来越认识到高效课堂的重要性,语文教学也不再沿袭传统的教学方式,课堂气氛不再是单纯的一问一答式,不再是沉闷的,而是根据学生的实际认知规律,设定有针对性的教学方案,将语文课堂打造成人性与智慧并存的、开放民主、饱含激情与活力的认知学习和情感交流课,这样才能充分调动学生探索和学习的积极性,驱动他们进行主动探索与学习,从而激发个性、发散思维,培养探索和创造精神,快乐学习。

　　那么,如何激发学生的学习兴趣,把语文课堂由单纯的传授知识转变为满足学生求知渴望、培养能力、陶冶性情、净化思想的乐园,打造充满活力的语文课堂呢?

## 一、关注教师活力

### 1. 提高教师文学素养

"问渠那得清如许，为有源头活水来"，教师的"活水"，体现在不断地学习，不断地追求上，教师的文学修养是打造活力课堂前提之一，它能感染学生去"爱"语文。要让学生喜欢语文，教师首先必须是语文的爱好者，并有着较为扎实的语文功底和丰富的文化积累，只有这样，才可能"厚积而薄发"，才可能吸引学生、感染学生。平时注重学习，努力提高自身的文学修养，努力以美的教学语言去感染学生，注重平时和学生交谈时的用语。和学生谈话时，我经常会兴致勃勃地说，"我送你一句话"，"我想起一句诗"。在学生的作文本上我也经常会写上这样的话："梅花香自苦寒来！"学生显然对这些名言、古诗是非常感兴趣的，课堂上同样要展现个人的文学功底。

如在教《花脸》这堂课时，有这样一个教学情节，我问："谁知道《三国演义》中关公的英雄故事？"大多数学生都面面相觑。只有一位学生举手说道："关羽是英雄，败走麦城是讲述关羽的故事。"我说："你能说说败走麦城的故事的一些具体内容吗？"这位学生摇了摇头。我知道《三国演义》这本名著，很多孩子都没看过，有些内容也仅仅从家长口中了解了大概，有看过的也是囫囵吞枣，前看后忘。我马上说："那老师来说吧。败走麦城，是建安二十四年（公元 219 年），蜀汉将关羽在败走麦城时为吴将截获，被斩于临沮的故事。后以'败走麦城'比喻陷入绝境，形容事事能成功的人也有失败的时候。麦城在湖北省当阳市两河乡境内，距市平阳镇二十余公里，为东周时楚国重要城邑，开皇十八年（公元 598 年）昭丘县治所在地。清同治《当阳县志》记载，'麦城在县东南五十里，沮漳二水之间，传楚昭王所筑。三国时，关羽为孙权所袭，西走麦城即此'。"

叙述这些内容时，我看到了很多同学的眼神是那么专注，带着几分佩服、几分羡慕,他们的兴趣被激发,连不太喜欢这类书的女孩子也听得那么有兴致。兴趣的激发点正是老师那滔滔不绝的叙述和渊博的知识。借着这股东风,我马上说:"关羽的英雄故事我们还不清楚呢,那么课后我们每一个同学都去阅读《三国演义》,一起去了解《三国演义》中的关羽的故事,下次课我们再来交流。"

这堂课的活力体现出来了,孩子们在老师的引领下有了学习的兴趣,感受到了学习的快乐。当我再次向学生询问三国中的关羽、诸葛亮等人物的事迹时,学生都以极大的热情、饱满的情绪投入到学习中,课堂气氛异常活跃,这增加了学生的知识积累,激发了学生崇拜英雄的情感,教学目标也在交流中潜移默化地得以实现。学生就在不知不觉中走进了语文的乐园。

2. 提高教学能力

徐金国老师曾说过,要做一个智慧的老师,要具备以下几方面:一是解读文本与处理教材的智慧,二是教学设计与问题处理的智慧,三是促进学生成长与发展的智慧。这三个方面不仅充分体现了以教师主导、以学生为主体的课堂教学理念,更有针对性地提出了文本解读、教材处理能力是语文教师最重要教学基本功的思想。徐老师认为,只有教师真正走进文本、吃透文本,才能引导学生领略文本之美、语文之美。教材的恰当处理、教案的创新设计、问题的精准设置更是一名智慧的语文教师应有的品质。一个能深入钻研教材,善于发现别人未能发现的知识点,勇于发表自己的独特见解,具有敏锐的洞察力和独到的见解的老师,必定能征服学生,激起学生智慧的火花,他的课堂也必定是充满活力的。

比如《社戏》中"偷豆"一段的教学,可以这样创新教学设计:

师:偷豆的原因是什么?

生:摇船的都说很疲乏,因为太用力,而且许久没有东西吃。

师:当时有偷豆吃的条件吗?

生:罗汉豆正旺相,柴火又现成……岸上的田里,乌油油的都是结实的罗汉豆。

师：这样写还呼应前文"在左右都是碧绿的豆麦田地的河流中……觉得要和他弥散在含着豆麦蕴藻之香的夜气里"。出偷豆的主意的是谁？

生：桂生。"这回想出来的是桂生，说是罗汉豆正旺相，柴火又现成，我们可以偷一点来煮吃的。大家都赞成……"

师：偷豆的"总指挥"是谁呀？

生：双喜。

师：又是双喜。偷谁家的？

生：偷自家的……偷阿发家的。

师：是，偷阿发家的，这是谁的主张啊？

生：阿发自己的主张。

师：大公无私呀！这是偷吗？怎样评价他们的"偷"？

生：不是偷，这是无私奉献，是热情好客，是淳朴憨厚的品质！

师：不是偷，那为什么称之为"偷"？

生：只是没有经过大人允许而已。

师：所以，这个"偷"字用得好哇！一字传神哪！

这种品味"偷"字的设计的教学设计是创新的，是美妙的，这使我们学生从这个字上看到了正能量，也让我们学生能多角度地看待一个字、一个人、一件事，学生的思想提升了，课堂活跃了。


## 二、　关注每一个学生的活力，实现课堂公平

### 1. 关注差异，激起更多思维的火花

叶澜教授说过："学校教育是直面人的生命、通过人的生命、为了人的生命质量提高而进行的社会活动，是体现生命关怀的一种事业。"因此，教育生命化是我们的追求和期待，努力做到尊重生命、启迪生命、彰显生命、润泽生命、成就生命、

愉悦生命,让课堂因生命化而绽放精彩。这就是说在教学中要实现"课堂公平",关注每一个学生。冰心曾说过:"世界上没有一朵花不美丽,也没有一个孩子不可爱。"教师必须树立"全纳"的观念,尊重每个生命个体的独特性和不可替代性,在课堂中,让每一个学生都有机会和权力展示自我,使每个学生都得到共同发展。我在课堂教学中通过生生互动、师生互动的教学形式让课堂绽放魅力。

比如,在教《雁》这堂课的时候,我是这样设计教学环节的:课前学生提出质疑,教师汇总——课上生生、师生交流——课后学生教师共同总结。这节课是新基础的研讨课,当时我有这样一个设计:

师:两只雁对梦想的追求让我们对生命产生了思考,你的感受是什么?

生:生命。

生:平等。

生:自由。

师:为什么要自由、平等呢?

生:我有时要跟同学出去玩,有时要玩游戏,父母不同意,我没有自由,没有平等。

一石激起千层浪,引起了学生们的共鸣,议论纷纷。其实对于学生这样的回答,我事先没有预设到,但我没有生气,也没有慌乱,他说得没错哇。我急中生智,让孩子们讨论父母这样对待他们的原因。学生们动起来了,小组讨论、交流,学生之间互相补充,教师走动于各个小组之间,听取他们的意见。

生:我有时作业没做好就想出去玩。

生:有时玩游戏的时间有点儿长。

生:我成绩还不够理想。

生:目前,我们的自觉自控能力还不够强。

师:是呀,同学们都说出了自己内心的真实想法,老师很欣慰。的确,如果我们现在能做到有效管理自己,自主学习、快乐学习,那我们就会拥有自由,也会拥有平等,同时我们的生命价值也会得以实现。

这节课的活力在此时得以充分体现,每一位同学都有思考,有互动,有智慧生成。这节课上,学生的语文学习活动是生动活泼的、主动的和富有个性的,这节课中学生知无不言,言无不尽,每一个学生的生命活力都在课堂上尽情绽放,学生真正体会到了语文学习的快乐。

2. 设计多彩活动,彰显飞扬斑斓的生命价值

语文活动课,是语文课程实施素质教育,全面提高学生语文素质的有力举措。它的设置改变了长期以来的学科课程单一,学生难以接触社会、生活实际,难以获得直接经验和培养实践能力的局面。它以崭新的形式、丰富多彩的内容,有力地激发了广大学生强烈的学习动力,从而主动热情地去学习,语文课设计多彩的活动也能帮助学生去塑造完善的人格和积累有价值的生命体验。

《春天来了》这一单元可以让学生走出去,安排去校园、公园寻找春天的探访活动;诗歌单元可以在班中开展诗歌朗诵比赛;小说单元可以设计课本剧表演的活动等等。学生学习语文的兴趣高涨,学生的个性、生命价值得以彰显,课堂活力无限。

有一次,上诗歌单元期间,课间两个女生找到我,说她们想下节课朗读这首诗,我真的很意外,不过,我转念想到,学生不就喜欢课堂有多彩的活动来展示自己吗? 于是那时我组织了诗歌朗诵比赛活动,我把班级的学生分成六组,每一组成员根据个人的才能分工合作。有的学生找诗歌及其背景,有的学生准备诗歌朗诵,有的做PPT,有的找背景音乐,有的帮助设计肢体语言。在诗歌教学中,以朗诵诗歌作为主线,各小组在展示时认真专注,互相比较,听后畅所欲言,课堂上洋溢着学习的热情,学生就在这样的活动中潜移默化地学习了诗歌的内容,展示了自己的才能,培养了各种能力。

活力课堂应顺从学生的心理特点,把课堂还给学生,让课堂呈现生命的活力。

### 三、 教师要充分运用好课堂的评价机制

对学生的发现和独特见解要毫不吝啬地给予表扬和鼓励,对困难学生小小的进步也要给予热情的表扬和鼓励,这些积极的评价,都将有效激发学生在课堂上的学习活力。激励的方式可以有教师课堂表扬、发放奖品等。

1. 教师的表扬语言要有变化。一成不变的表扬语言,让学生觉得没有新鲜感,有时也会觉得没有成就感,教师要随时调整自己的表述。例如,啊! 你的课外知识真丰富,都可以成我的老师了! 又如,他的汇报完整、精彩,是我们学习的榜样! 还如,你真的很能理解人,而且能和同学合作得非常好! 你这节课的表现给大家留下了深刻的印象!

2. 形式多样的奖励方式。比如以下几种:坐老师的座位——体验权威感和荣誉感;和他喜欢的人一起午餐——享受自主选择的权利;教师给学生家长打表扬电话——与家长分享学生进步和取得成就的快乐;减少作业量——享受因个人努力而获得的特殊权利;跟老师共进午餐——体验权威感和荣耀感;还可以发放食物等——一颗棒棒糖也让学生欢喜不已。学生在这样的评价机制的引领下,每天都有期待和憧憬。

### 四、 要充分发挥自能小组的多重功能

小组探究,让学生在研讨中"析"语文。为了让学生更好地学习语文,我在班中组织了六人为一组的学习小组,也叫自能小组,每一组都有小组长,大家各有分工。课堂上,我首先将学习材料转换成问题情境,接着小组内按自学、发言、讨论、小结、互评的程序展开学习活动,然后大组交流学习情况和结果,我会适时地点拨和指导,最后产生结论,并且做出评价。比如在教《散步》一课时,我就是让学生分

小组讨论,赏析课文中写得美的句子,说说美在什么地方,然后小组派代表发言,最后学生互评,老师点评。这样的形式,使学生在一种充分平等的活动中探究、启智,使学习活动变得自由轻松,交往情境变得融洽互助,信息传导多向畅通。

这样的课堂,既可以发挥学习小组在合作探究中的主要功能,也可以发挥学习小组内成员之间的竞赛评比功能,还可以发挥学习小组之间的竞赛评比功能。学习小组之间的激烈竞争,一定会使课堂充满活力。德国教育家第斯多惠说:"教育艺术的本质不在于传授本领,而在于激励、唤醒和鼓舞。"我们在教学中,运用智慧和方法,激活知识、激活学生的思维,定会构建出充满活力的语文课堂,语文课堂定会成为学生精神的乐园。

## 课程设计　活力语文

适合年级:七年级

### 一、 课程背景

不知从何时起,我们的语文教学走向了单调乏味,走向了枯燥无趣,以至于学生们讨厌语文,害怕语文,甚至渐渐远离语文。究其原因,不是在于学生,而是在于语文教师自己,是我们用死记硬背、机械训练、保守固执关起了语文乐园的大门,让学生们在这座知识的宝库面前,只有望而却步。新课程标准让教师越来越认识到高效课堂的重要性,语文教学也不再沿袭单纯的字词记忆和中心思想的分析,课堂气氛不再是单纯的一问一答式,课堂不再是沉闷的,而是要根据学生的实际认知规律,设定有针对性的教学方案将语文课堂打造成人性与智慧并存的开放民主、饱含激情与活力的认知学习和情感交流课,这样才能充分调动学生探索和学习的积极性,驱动他们进行主动探索与学习,从而激发个性、发散思维,培养探索和创造精神,快乐学习。

## 二、 课程目标

1. 查阅资料、视频,利用幻灯片等现代信息技术,开展认识、分析等学习活动。使学生在丰富的教学信息资源中耳濡目染,发展个性,养成阅读的好习惯。

2. 学生通过与作者对话,与老师、同学、自己对话,融入文本,学习兴趣得以激发,课堂变得活跃,充满活力。

## 三、 课程内容

本课程共6讲,共14课时,具体内容如下:

第1讲:你喜欢什么样的语文课?(1课时)具体内容包括:介绍你喜欢的语文课,你希望上什么样的语文课?老师和学生产生共鸣,展示学生喜欢的语文课的要求。

第2讲:"飞花令"——诗歌鉴赏与练习。(2课时)具体内容包括:第1课时,借助视频和PPT朗诵自己喜欢的诗歌,并说说喜欢的理由;第2课时,开展"飞花令"比赛,模仿中国诗词大会。

第3讲:讲故事比赛。(2课时)具体内容包括:第1课时:准备故事,指导,借助网络模仿他人讲故事的语气、语调、肢体语言生动地表达;第2课时:讲故事,评委评比。

第4讲:发现身边的美。(3课时)具体内容:第1课时,我有一双慧眼,说说身边的美,可以运用微电影,PPT等资料;第2课时,我有一双巧手,写下身边的美;第 3 课时,读出自己发现的美。

第 5 讲:名人逸事。(2 课时)具体内容:第 1 课时,搜集名人逸事;第 2 课时,写出人物的特点以及你的感受;

第 6 讲:渴望成功。(2 课时)第 1 课时,心灵到达的地方,说说自己的故事;第 2 课时,游戏认识自我。

第 7 讲:智慧人生。(2 课时)第 1 课时,说说你所见到的智慧;第 2 课时,从书中汲取智慧,读书启迪智慧。

## 四、 课程实施

每周 1 课时,共计 14 课时。以自编教材、互联网平台、多媒体课件等作为教学资源和工具。适用对象：喜爱语文、善于表达的学生。

### (一) 启发讲授

让学生通过与作者对话,与老师、同学、自己的对话,融入文本,激发学习兴趣,进而让课堂活跃起来,充满活力。

### (二) 表演访谈

学生通过分工合作,完成剧本撰写、道具制作、舞台布置以及上台演出,完成一次角色扮演活动。

### (三) 资料收集

让学生在提升感悟能力之后,尝试根据不同主题进行资料收集和筛选进而自编教材。

## (四) 圆桌讨论

让学生通过圆桌讨论来完成课堂教学任务。小组之间可以互相学习,团结合作。

## 五、 课程评价

1. 对学生的评价分别从"课前准备、参与态度、知识掌握、技能应用、成果展示"五方面进行综合测评。考评分"平时考核"和"期末综合评定"两部分:平时考核内容为出勤情况、提问检测、作业情况、个体创作,期末综合评定内容为口头表达、写作、基础知识考核、专题创作等。

2. 考评按照自评、互评、指导教师评价相结合的原则进行,最后形成综合评定等级。其中,自评权重为 20%,互评权重为 30%,指导教师评价权重为 50%。

3. 学生评价等级分为优秀、良好、合格与待合格四级。80 分及以上为优秀,70—79 分为良好,60—69 分为合格,60 分以下为待合格。

(撰稿者:吴惠丽)

## 直观物理
## 思疑之间尽显张力

直观物理,就是利用物理实验让学生参与到教学活动中,成为真正的教学主体。它使课堂教学成为一系列学生主体性活动展开与整合的过程,在这个过程中,既可以让学生学到知识和技能,又可以让学生体验探究的乐趣,同时培养学生初步的探究能力。

俗话说,"学起于思,思源于疑"。没有疑问就没有思考,积极的思考往往是由疑问开始的,教师可根据教材的内容,结合学生心理发展规律,在教学的关键处设置提问,教师创设的情境越新颖,刺激性越强,就越能激发学生的学习兴趣,引起学生认知的冲突和探究的欲望。

当前,在初中物理教学中,存在着"重讲解、轻实验","重结论、轻过程","重知识、轻方法"的错误倾向。其产生的原因可归结为两个方面。一是教育思想不端正。由于只注重考试分数,片面追求升学率,有些教师黑板上画实验,学生本子上练实验。教改实验顾此失彼。由于一些教改实验项目具有普遍适用性,难以突出物理学科的特点,如果简单照搬,势必造成忽视实验的倾向。二是主客观条件制约。有的地方实验设施十分短缺,有的教师随意取消教材、大纲中要求的实验内容。因此,教师在教学过程中必须要将实验教学重视起来。

## 一、 强调实验在教学中的重要性

物理实验在中学物理教学过程中起到了关键性的作用，它让老师们的教学不再仅仅停留在理论阶段，让一些无法解释的规律与定则具象化地呈现在学生的面前。一次次实验更是物理前辈们得出闻名后世理论的敲门砖，也是后人在学习物理知识时的工具。

1. 物理实验，让学生对学习更有积极性

理论知识的学习往往会让学生丧失对学习的积极性，繁重的考试压力和作业甚至让学生厌恶学习。其实物理知识在低年级的科学课中已有介绍，那时学生们没有考试的压力，对物理知识充满热情和兴趣。最鲜明的反差是，我在给六年级的学生的科学课中讲到物理在生活中的应用时，其中有节内容讲到了三类剪刀，实质上是三类杠杆，分别是省力杠杆、等臂杠杆和费力杠杆，学生对生活中的这种应用兴趣盎然。在模仿对比的情况下，学生马上能鉴别出哪种工具是属于哪一类杠杆。但是对于初二的学生来说，杠杆的知识是学习的重点知识，学生除了要会区分各类杠杆，还要熟练地应用杠杆平衡条件求力或者力臂。我也发现很多学生对于力臂的确定存在困难，经常会找错力臂，在画图题中也不能做到很好的掌握。这究竟是学生的能力问题还是对物理学习兴趣不浓造成的，抑或是教师教学方法不当导致的呢？

教师在教学方法上要找到突破口，比如在教授三类杠杆的特点时，可以从生活中的工具着手，用几个经典的实例讲解。如筷子，让学生亲身感受并比较夹菜时动力臂和阻力臂的长短；又如比较老虎钳夹断铁丝时动力臂和阻力臂的长短。

让学生在切身的体验中学会总结规律，这也是实验带来的一种潜移默化的功效。在探究杠杆平衡条件时，把演示实验转化成学生实验，让每一个学生都参加实验,切忌让学生形成固化的思维模式,而是开放实验课堂,让学生通过改变钩码的个数和位置总结出杠杆平衡的条件。

2. 实验可以出真知,拓宽学生的思维模式

实验是理论的创造者也是理论知识的传承者,人们不仅可以用实验来验证理论知识,更可以通过实验得到新的规律。在"伏安法测小灯泡额定功率"的实验中,我们首先采用的是惯用的实验连接方式,有学生就提问:"有没有其他的情况,比如电压表是并联在滑动变阻器的两端的?"事实上,有些情况中电路的连接方式也确实如这位学生所说,如电压表选择的量程达不到小灯泡的额定电压,那就要选择将电压表并联在滑动变阻器的两端进行实验。学生能够在实验中体会到别的连接方式,能够解决更多的变数和问题。学生参与实验会得到更多的见解,进而拓宽思考问题的宽度。

3. 实验为理论奠基

在大型的考试如中考中,实验题在试卷占有较大的分值,其中仪器的使用和读数、实验步骤的补充、实验数据的处理以及实验现象的描述是主要的考题形式。而我们的学生做这类题目向来都是只靠强行的死记硬背,遇到相似的问题,往往会因为原理不通而做错。不仅物理是这样,化学亦是如此,有些实验,学生只做一遍甚至干脆不做,学生没有经验,或者从来没有接触过实验,自然不能深刻体会和掌握其中的原理。如"伏安法测电阻"的实验中,很少有学生能够体会移动滑动变阻器的滑片时,电压表和电流表指针偏转方向的问题。当电压表并联在定制电阻两端时,两表偏转方向相同,当电压表并联在滑动变阻器两端时,两表偏转角度相反。这些现象的描述原本是可以用实验很直观地展现,现在却成了让学生百思不得其解的难点。所以实验是理论知识的奠基石,学生通过直观形象的实验,更能较快地掌握理论,教师在教学时要注重方法的使用,欲速则不达,过度追求书面的理论只会事倍功半。

## 二、 突出物理实验的趣味性

### 1. 感受物理实验的趣味

实验有利于学生观察现象，寻找答案，在实验中发现、理解和总结物理规律，有利于挖掘学生的创造力、发散思维的能力，培养学生的科学精神。设计物理实验时，要根据学生身心发展的特点，让学生参与物理实验教学的全过程，教师可以引导学生使用身边的物品进行物理实验的探究活动，不断拉近物理跟生活的关系，让学生真真切切地感受到物理科学的真实性。学生有时会因为生活中的思维惯性对实验结果有错误的猜想，但教师正好可以利用这种反差，达到强调实验原理的效果，给学生以惊喜，让现象更加深刻，让知识更加立体。例如，讲大气压强时，教师通常会讲到"覆杯实验"：把一个杯子装满水，然后用一张纸片盖在盛满水的杯子上，并且迅速将杯子倒过来。然后把托纸片的手撤去，学生会惊奇地发现，水竟然没有倒流出来。"瓶吞鸡蛋实验"：在不使用外力的情况下，鸡蛋可以掉进瓶口直径较之略小的瓶子中。教师也可进一步提问："生活中人们常常把生鸡蛋放入瓶口较小的瓶子里，也是这个原理吗？"实验的结果与学生的直觉恰恰相反，学生开始思考为什么会这样，这使学生对背后的原理产生兴趣。

### 2. 著名的物理实验

任何知识都需要总结才能被学以致用，实验做完后若没有详尽的总结和及时的复习，也会被学生遗忘。初三的学生进入第二学期后，要对之前学过的物理实验做出要点总结，几个重要的中学物理实验可以重新再做几遍。如：凸透镜成像规律、测定物质的密度、测定电阻的阻值、测小灯泡的功率等。

科学实验是物理学发展的基础，也是检验物理学理论的唯一手段，特别是现代物理学和科学技术的发展和实验都有着密切的联系。现代技术的发展，不断揭示和发现各种新的物理现象,日益加深人们对客观世界规律的正确认识,从而推动物理学向前发展。物理实验在各个领域都存在巨大的贡献,例如航天、医疗、探险、考古、旅游等,都离不开物理实验带来的成果。为了丰富学生们的学习,教师定期介绍历史上十大经典物理实验以及它们为人类带来的贡献。托马斯·杨的双缝演示应用于电子干涉实验;伽利略的自由落体实验;罗伯特·米利肯的油滴实验,证明电荷的值是某个固定的常量,最小单位就是单个电子的带电量;牛顿的棱镜分解太阳光,牛顿把一面三棱镜放在阳光下,透过三棱镜,光在墙上被分解为不同颜色,后来我们将其称作为光谱;托马斯·杨的光干涉实验;卡文迪许扭矩实验测出了万有引力恒量的参数,在此基础上卡文迪许计算出地球的密度和质量,卡文迪许的计算结果是,地球重 $6.0 \times 1024$ 公斤,或者说 13 万亿万亿磅;埃拉托色尼测量地球圆周长,地球周长应该是 25 万个希腊运动场的长度;伽利略的加速度实验,他做了一个 6 米多长、3 米多宽的光滑直木板槽,再把这个木板槽倾斜固定,让铜球从木槽顶端沿斜面滑下,并用水钟测量铜球每次下滑的时间,研究它们之间的关系;亚里士多德曾预言滚动球的速度是均匀不变的:铜球滚动 2 倍的时间就走出 2 倍的路程;伽利略却证明铜球滚动的路程和时间的平方成比例:2 倍的时间里,铜球滚动 4 倍的距离,因为存在恒定的重力加速度;卢瑟福发现核子实验,1911 年卢瑟福还在曼彻斯特大学做放射能实验时,原子在人们的印象中就好像是"葡萄干布丁",大量正电荷聚集的糊状物质,中间包含着电子微粒,但是他和他的助手发现向金箔发射带正电的阿尔法微粒时有少量被弹回,这使他们非常吃惊,卢瑟福计算出原子并不是一团糊状物质,大部分物质集中在一个中心小核上,现在叫作核子,电子在它周围环绕;米歇尔·傅科钟摆实验,傅科的演示说明地球是在围绕地轴自转的,在巴黎的纬度上,钟摆的轨迹是顺时针方向,30 小时一周期,在南半球,钟摆应是逆时针转动,而在赤道上将不会转动,在南极,转动周期是24 小时。

### 三、 实现物理实验的有效性

#### 1. 演示实验,引人注意

演示实验是物理实验教学的重要组成部分,它能为学生正确认识事物及其规律提供生动、直观、形象的感性材料,精心设计演示实验是优化物理课堂教学的重要手段和有效方法。越来越多的物理教师在课堂教学中运用多媒体模拟实验,辅助教学,教师因而少做或不做演示实验;也有部分教师认为有些演示实验太简单,不值得一做。这些轻视演示实验和滥用多媒体模拟实验的做法,对物理教学产生了诸多不利的影响。

演示实验是物理教学过程中的催化剂,是增加学生兴趣的有效方法,是拉近教师与学生距离的纽带。教师通过演示实验,可以向学生们展示专业的实验技能,学生通过演示实验可以向教师学习正确的实验操作和实验步骤,加强学生做实验的严谨性和规范性。演示实验的方式也是多种多样的,教师可以单独演示或者让学生参与实验,也可让学生自己做演示实验。在《惯性》一节课的教学过程中,教师演示:弹片将木板迅速弹出后,小钢珠发生的现象。小钢珠没有随木板飞出,而是留在原地,学生因此知道了固体是具有惯性的。要证明液体也是具有惯性的,我选取了烧杯、水、搅拌棒等材料,请学生做演示实验。学生通过搅拌水发现,当搅拌停止后水还在继续旋转;也有学生主动提出不同的实验方法,端着水向前跑,当停止跑动后,水向前"冲出"烧杯。以上两种实验方法都可以说明水是具有惯性的。

在《内能》的一节课的教学过程中,在讲授温度对内能的影响时,我运用了演示实验。一杯热水和一杯冷水,分别向两杯水中滴入红墨水,学生观察到红墨水在热水中扩散的速度比在冷水中快,这说明了温度越高,物体的内能越大。演示实验让教学内容更加简单易懂,让学生更加容易理解。

2. 学生实验，激发探究意识

在实验教学和学生实验中，首先要培养学生善于观察实验现象的能力和习惯，并且及时记录下来，以便后续对实验结果进行分析。比如在做测小灯泡电功率的实验时，学生知道当电压表或者电流表的示数达到小灯泡的额定电压或者额定电流时，电灯就是正常发光了。但在实验过程中，小灯泡的亮暗情况也是要注意观察和记录的。记录现象之后，学生可以总结出来，当小灯两端电压小于额定电压时，小灯泡发光较暗，大于时发光较亮，从而知道小灯泡的亮度不是由额定功率决定，而是由小灯泡的实际功率决定。

现在的学生在做实验时，总是以为实验做完了，结果出来了，实验就结束了。当学生学会做基本实验后，教师应当对学生实验提出较高层次的要求，如做验证性和设计性的实验。比如在做验证压力作用效果及压强的实验后，应该总结实验中所采用的物理方法是控制变量法。在学完密度知识后根据实验室所能提供的器材，要求学生解决如何比较不同物质密度大小的问题，探索不同物质的质量与体积的关系等。学生根据控制变量的方法提出设计方案，自己设计实验方法并进行实验。这不仅仅是对前面知识的应用，也是对物理方法的一种使用。

重视学生实验能使学生学会学习，激发其探究意识，提高动手的能力，培养适应时代变化、社会发展的实用型人才。


## 四、 实验报告，不容忽视

实验报告的撰写和讲评一直是实验教学过程中容易被忽略的部分，完整的实验还包括实验评价部分，主要是由实验报告来体现。在以往的教学评价过程中，主要是以一个学生的成绩来评价一个学生。根据学生撰写的实验报告，教师可以评价学生在实验操作中的熟练程度、准确程度，重视他们解决问题的能力。

实验报告是实验全过程的记录方式，也是学生课后对知识进行整体复习的重要依据。完整的实验报告包括实验目的、实验原理、实验器材(包括电路图或原理图)、实验步骤、注意事项、数据记录、整理分析等。

应试教育的考试试题中也常常会出现实验过程中的一些细节问题,如"测定金属块密度"实验中,测量不规则金属块的体积,需要测量两次量筒内液面的刻度,将两次体积相减才是金属块的体积。该实验与"探究物质质量与体积关系"的实验使用相同的器材,需要测量的物理量也相同。但学生经常会忽视,这两个实验的目的是不同的,表格的设计也略有不同,所以教师在教学过程中应强调实验报告的严谨性。学生经过不断训练,可以很熟练地掌握实验,继而为学习理论知识打下扎实的基础。

## 课程设计　直观物理

适合年级:初三

## 一、课程背景

初中物理课是中学物理教学中一门重要的学科,中学物理的教学在整个物理的教学体系中起到了承上启下的作用。在学生掌握了一定科学知识的前提条件下,进一步地对知识进行细化和完善,为学生今后进入高中和大学进行物理学习打好基础。实验是物理教学的重要组成部分,是提高学生动手操作能力的有效途径。

《直观物理》课程的教学以中学物理实验为主干线,重点突出物理实验的重要性,包括提高学生的积极性,拓宽学生的思维模式等。用课外的物理实验知识来加大学生的知识面,更加注重物理实验的趣味性。通过教师的演示实验和学生实验,强调实验的有效性,最后以完整的实验报告作为检测学生在本课程中的学习成果的书面材料。

## 二、 课程目标

1. 学生在实验过程中养成观察实验现象的能力,提升学习的专注度,养成善于观察的能力。

2. 学会总结学习方法,养成总结的好习惯,提高学习效率。

## 三、 课程内容及实施

本课程包含以下 8 讲的内容:

第 1 讲,中学物理实验的重要性。(1 课时)

第 2 讲,中学物理实验大会。(3 课时)教师讲授中学阶段物理实验,包括实验要求、实验过程以及对实验现象的猜想。

第 3 讲,课外实验拓展。(3 课时)第 1 课时由教师向学生介绍历史上经典的十大物理实验;第 2 课时和第 3 课时由学生课外搜集资料,制作 PPT,展示自己学习的这十大实验的精髓所在,包括对于实验过程的理解,实验在科技方面的贡献等。

第 4 讲,演示实验。(2 课时)教师通过演示实验向学生们展示专业的实验技能,加强学生做实验的严谨性和规范性。两个课时分别对初二和初三的演示实验做出展示,可采取多种方式,教师单独演示或者让学生参与实验,也可让学生自己探究做演示实验。

第 5 讲,学生实验。(3 课时)第 1 课时和第 2 课时按照中学考纲的要求进行学生实验,主要是凸透镜成像规律的实验和电学实验;第 3 课时,中学物理教学过程中重要的探究情景问题,以实验的方式呈现,给学生以直观的感受。

第 6 讲,实验报告。(2 课时)

第 7 讲,实验在理论知识中的呈现。(3 课时)由实验渐渐向理论过渡,讲解实验操作过程在理论考试中的表现形式。

第 8 讲,考核要求。(1 课时)

## 四、 课程评价

1. 评价时间分为两次,期中和期末各一次。

2. 期中考核以学生制作 PPT 为主,占 50%,学习态度 30%,参与度 20%。

3. 期末考核的方式和比例:学生的实验操作 50%,学习态度 20%,实验报告 30%。

4. 学生评价等级分为优秀、良好、合格与不合格四级。80 分及以上为优秀,70—79 分为良好,60—69 分为合格,60 分以下为不合格。

(撰稿者:刘逢芳)

# 第四章

## 关键学习素养：学科课程的模型

　　学校通过构建多样化的课程内容与课程实施途径，设计出"1＋X"学科课程群。它以"全员共享、全面递进"，为学生育人与培养策略；通过序列化、结构化的课程开设，追踪式、跟进型的分置安排，多元化、专项化的内容调适，让学生在学习过程中、在课程实践中，保持一种轻松愉悦的心情。为学生提供自主选择课程、自主体验课程的学校环境，这可以使学科课程实施变得轻松、自由和愉悦，从而满足不同特性学生的各种学习需求和成长愿望，让每位学生在课程学习中都享受到快乐和取得收获。

设计"1＋X"学科课程群,学校最初想法就是让学生在学习过程中、在课程实践中,以一种轻松愉悦的心情参与。从学校的校本课程入手,以社团、集会、探访的形式,通过构建多样化的课程内容与课程实施途径,为学生提供自主选择课程、自主体验课程的学习环境,使校本课程的实施过程变得轻松、自由和愉悦。目前,落实"1＋X"课程群理念,深化"1＋X"课程群模式的建构,已经成为全校师生的共同愿景。我们力求在课程建设中,从课程类型、课程内容、课程实施、课程评价等方面满足不同特性学生的各种学习需求和成长愿望,让每位二中学子都能在课程学习中享受到快乐和取得收获。课程实施几年来,得到了学生的广泛喜爱。每学年,全校学生都参与这样的选课活动,真正做到了"我的课程我做主"。学生在兴趣、探究、自主、分享等教学活动中快乐地学习与成长。他们通过这样的学习赢得了自由学习的权力,收获了学习上的自信,挖掘了自能发展的潜力,他们看到了自己在学校生活中的价值所在,也获得了健康成长的正能量。

1. 设计课程主题,形成主题单元。基于学生"关键学习素养"理念的学校课程整合主要以主题式作为整合模式。在整合课程内部,课程主题的设计主要涉及主题内容的建构及相应的课堂教学等。

课程主题的内容由多方面课程资源构成,具体包括核心概念、关键问题、重点知识、必备技能和情感态度、价值观素养等方面。其中,核心概念主要源自学科知识结构。学生"关键学习素养"的培养需要以学科素养为依托,而学科中的核心概念是形成学科素养的最重要途径之一。因此,将每一主题之下涉及到学科素养的部分提炼成基本的核心概念,学生通过认识和理解核心概念来提升学科素养,以学科素养为纽带连接课程主题与学生"关键学习素养"。

关键问题的设置应与学生生活、社会生活联系结合,培养学生解决生活中的实际问题的思维和能力。传统分科课程以学科知识本身的逻辑为体系,脱离了问题存在的具体生活情境,这样只能培养解决抽象问题的能力,不利于学生真正适应社会生活和自身发展。用学生生活中的问题来串联、构成课程主题的内容,也有利于激发学生的学习兴趣和动力，使学生真正热爱学习，乐于学习。

　　重点知识和必备技能是学生培养"关键学习素养"的基础，明确知识与技能的目标使教师和学生的课堂教学和学习更加有方向和重点。主题的教学和学习并非任意发挥，而是有明确的操作要求。而重点知识和必备技能的选取则主要依据学生"关键学习素养"中提到的重点目标。在主题学习中注重培养这些重点目标的知识和技能将是教与学的侧重点，也是主题教学必须要完成的任务。同时，在课程主题的教学中，要重视对学生的态度、情感进行潜移默化的影响，所选教学材料要有利于学生形成正确、积极的价值观与人生观。通过主题模式实现课程的多样化、全方位整合，从而构建学生"关键学习素养"的知识、能力、态度三维框架体系。

　　主题选取的依据来自社会和学生两个方面。主题可从社会热点问题和学生感兴趣的话题中选取。社会主题如环境、交通、未来生活等，学生感兴趣的话题主要有同学友谊、校园生活、神话故事等。具体到课程学习主题的设计中，中心主题或基本主题主要依据学生的发展需要及兴趣经验的特点来选择。

　　2. 设置跨学科项目，形成课程群落。"1＋X"学科课程群的构建，是遵循"国家课程校本实施"的原则与取向，结合区域教育的发展需求，具象为学校育人愿景，并加以系统布局、精准规划而制定的课程序列。针对有关学校的教育理念、宗旨与办学发展方向，研究制定培养目标、教学内容、执行项目的具体规划与操作落实方略。

　　研究通过聚焦学生在学习中涉及根本的、真正反映成长的关键学习力与相关内在品质，来规划与设计具有对应功能的课程方案。联系学校多年来的教育教学实践，通过长期积淀与提炼、反复筛选，发现了"以不同课程间的相应知识学习的联动，促成认知与建构能力的发展，以多元融合的活动，助推学生对科目的兴趣与探索能力的提升"等学科融合育人与开展综合实践活动的规律。由此，形成了本书的基本研究假设：以课程群落为架构，形成多元支持、多向策应、多方聚力的融合驱动。在资源融合、途径开拓与情境范式多样化的学校课程实践探索中,发挥校本运作的既有优势与纵深潜力。

通过序列化、结构化的课程开设,依托追踪式、跟进型的分置安排,借助多元化、专项化的内容调适,形成"1+X"学科课程群。(1)以科学为活动主题,分列出"自然"与"科技创新"两大板块,融合多领域的科学实践专题、专项,组织课程群落,并突出以探究活动为特色的课程育人方略。(2)以艺术人文类活动为主题,分列出"人文修养"与"艺术审美"两大板块,是交融在多种领域中的,因此组织的课程群落,其内容以跨领域和文娱类体验、表演为特色。(3)以实践交流类活动为主题,分列出"讲坛""文化节"与"国际理解"三大板块,涉及人文领域学习的关键素养培育,因此,以实践型、任务型和团队协作、系列化的组织安排为课程群落的特色。(4)以身心健康为主题,分为"体育"与"心理"两大学习板块,这是既具有融合性,又具备专题性的学习领域。在具体实践中,其内容往往有交叉性。在结合相应的专题活动中,涉及强度较大的体能输出活动,以及情感体验、身心健康等方面的,都可归入该课程群落。(5)以育德活动为主线,融合为"两纲教育""行规教育""主题活动""社会实践"四大板块,组织起相关领域的课程群落,该板块具有基础性、综合性等特点,并突出以体验性活动为特色的课程育人方略。

学生"关键学习素养"体系改变了以学科知识为核心的价值取向和评价理念,旨在培育学生能够适应终身发展和社会发展需要的必备品格和关键能力。区别于以科目的形式和名称来进行分门别类的传统分科课程,学习化课程是跨学科课程整合的新理念。这种课程理念以学习领域作为划分课程种类的标准,把儿童的学习作为课程设计的出发点和落脚点,整合学习科目。即在顶层设计层面,基于学生"关键学习素养"来划分课程学习领域,设置跨学科学习领域,并组织课程内容。学校尝试进行基于学生综合素养培育的"文化探访"实践研究,经过几年的研究和探索,形成四大项目,并于2015年3月被评定为"区级优质校本课程"。(1)2013年研发,"在地文化资源"探访项目。我们以地方文化资源为载体,在充分开发地域教育资源的情况下，引导学生了解、认同和传承民族文化。分为三个部分：六年级探访七宝古镇，七年级探访闵行发展，八年级探访上海文化。在 2013 年 12 月举办"文化探访·立德树人"德育校本探究课程区级展示活动。(2)2015 年研发的"传统节日"探访项目。我们依托"文化探访"课程的实施，开展对传统节日、节气的探访活动，引导学生深入体验、探究传统节日的民俗风情，感悟传统文化，促进学生对传统民族文化的认同和传承。在 2015 年 12 月举办"秋日情怀、醉美佳节"闵行区传统节日教育主题展示活动。(3)2015 年研发的"特殊纪念日"探访项目。我们依托"文化探访"课程的实施，对特殊纪念日进行探访活动。我校纪念日教育探访活动方案获闵行区纪念日教育活动方案征集和评选活动一等奖。(4)2018 年研发的"社会实践渗透生涯教育"探访项目。我们依托"文化探访"课程的实施，让学生通过合作探访的方式去寻找身边的匠人，通过探访让学生了解自我、了解职业。受市德育处委托，在今年 9 月份拍摄上海市初中段生涯教育宣传片，"初中生合作探访的自我认知和职能体验活动"方案被纳入市心理中心即将出版的生涯教育相关书籍，生涯教育舞台剧《寻找身边的匠人》在闵行区第三届"教育学术节"做汇报演出。

3. 整合课程资源，丰富课程内容。人的本质是社会关系的总和，需要具备处理各种关系的能力。依据知识社会学的观点，知识的种类包括了人与自我、人与社会、人与自然、人与技术四类知识。让知识置于情境脉络中，成为解决真实问题的工具。知识与经验的意义统整包括将新的经验统整到意义的系统中，组织以往的经验，协助解决新的问题情境。学习具有连贯性，在建构课程整合内容时，需强化知识结构的统整性。因此，应斟酌学科知识结构的关联性与整体性，合理安排次序。

学校课程内容应符合学生的年龄特征，紧密联系学生生活经验，以便增强可操作性。学校课程资源的整合主要包含学科知识间的统整、学科知识与生活经验和社会问题的统整、学科与活动的综合。将与自然、社会、人文知识相关的直接经验进行整合,并在整合中把学习方法、学习习惯、学习能力的培养融入到教学过程中。让学生通过综合活动学习这些素材、经验,其目的是让学生在整体视野和背景下提升学习能力与综合素质,形成完整的人格。

学校重点梳理各级课程中交叉且可合并的内容,并进行提炼整合。适度打破界限,增强课程的整体性。让不同学科的知识实现有效融合,加强学科之间的联系,使课程内容更加结构化和系统化。同时,实行不同学科教师联合执教,并让家长协助、参与课堂,提供课程资源或技术支持,实现师资的整合与扩展。从各学校课程整合实施的效果来看,并非所有课程内容都能整合。整合并不能完全将所有的知识点容纳其中,也不是所有老师都能参与整合。对于不能整合的知识点,必须由相应学科老师完成,严格遵循国家课程标准,课程的目标、内容、总课时不能少。对于不适合参与整合的老师,则维持原状。

例如,对人文学科的知识点进行梳理整合,开发主题式综合课程,让学生在充分体验中学习人文综合知识,培养人文素养。利用学科知识来支持关联的学习经验,让学生学会恰当地运用知识与经验。实现课程可选,提供培养学生"关键学习素养"的载体。统整学校所有课程,融通校内外课程教学资源,构建了涵盖四个学科领域的课程结构。全面开发各领域的延伸型、发展型、研究型、创新型课程内容,开展体验类、探究类、实践类、服务类等社团活动。最终开发了五十多个跨学科的校本化课程主题,建立了多个特色社团。以主题为核心来开发课程资源,关注学生发展和社会问题,这有利于实现学生知识、能力和态度、品质的综合发展。主题是构建课程内容的依据,学生"关键学习素养"的培养要求可通过主题课程的教学来完成。课程主题是填充学习领域之骨架,丰满学生"关键学习素养"之灵魂的血肉,是实现学习领域目标和培养学生"关键学习素养"的重要载体。主题式学习的教学内容经过结构化处理,打开了学科边界,拓展了与主题课程相关的内容。

## ▌ 情感语文 ▌
### 激活语文学习的原动力

<br>

> ### 课程主张　让语文的磁场蔓延

情感语文强调在日常的教学过程中，培养学生的情感，让学生与作者同喜同悲。没有情感的课，肯定是死气沉沉的。情感，让语文教学充满活力，它是语文教学的生命。

情感是人们对客观事物所持态度的体验。它与学习的动机、认知的兴趣、意志品质以及性格等非智力因素一样，对学生的成长起着重要的作用。法国教育家第斯多恩说过："教学的艺术不在于传授本领，而在于激励、唤醒、鼓舞。"学生主体地位的确立，最主要表现在对非智力因素的潜力的挖掘，非智力因素中情感占据着尤为突出的地位。情感发展不仅是教育的重要手段和提高学生认识水平的有效途径，也是学生综合素质教育的有机组成部分，缺乏情感的教育不能培养出具有完整生命意义的人，更不利于学生的全面发展。在语文教学中，怎样"激励、唤醒、鼓舞"学生的情感因素，就显得尤为重要了。

### 一、"情感语文"教学主张的主要意义

梁启超曾说："用情感激发人，好像磁力吸铁一样，有多大份量的磁，便吸引多大份量的铁，丝毫不得躲闪。所以情感这东西，可以说是人类一切的原动力。"

从语文学科的性质来看,它具有与其他学科不同的特点。"它反映着政治倾向与感情色彩,当学生接触课文时,接受的不仅仅是文章的形式,同时也接受它的内容——观点和情感。"可见,课文是内容与形式的统一体。而入选语文课本的文章,大多是文质兼优的佳作,不仅有较高的文学价值,而且有较高的思想境界。可以说,语文教材提供的是丰富饱满、异彩纷呈的情感海洋,这为语文教师实施情感教育提供了得天独厚的条件。作为一名语文教师,就要努力运用语文佳作中所包含的真挚情感,叩击学生的心弦,激起他们感情的波澜,培养学生优良的性格。另外,从受教育者的角度来看,学生也有丰富的情感、复杂的内心。如果教师在教学过程中强调"理"而忽视"情",是达不到教学目的的。白居易曾言:"感人心者,莫先乎情。""理"只有通过"情"的心灵内化,才能转化为符合规范的思想和行为,单纯的说教势必使学生产生一种逆反心理,在教学过程中,教师应充分挖掘教材自身的情感因素,寻找学生情感的突破口,以情感去感化学生,使课文更具有吸引力和说服力。

情感总是由一定的客观事物引起的。语文课本中,有情景交融的诗歌、富有诗意的散文、引人入胜的小说和催人泪下的戏剧文学,这些占相当大的比例,且都蕴含着浓郁的情感因素,具有强烈的艺术感染力,都有助于学生产生积极的情感,形成崇高的人格。古人说:"一切景语皆情语。"

阅读教学,尤其是现代文阅读教学是初中阶段非常重要的一个环节。作为一名语文教师,让学生在初中四年的时间里,培养阅读兴趣,提高阅读水平,提高学生成绩,学会阅读的方法,是每一位语文老师孜孜以求的。但是,纵观我们的阅读课堂教学,存在着许多不尽人意的地方。老师觉得课越来越难上,学生越来越难教,课上老师常常自己一人在唱独角戏,激发不起学生的阅读兴趣,而学生对文章的理解,也只是浮于表面,对文章的理解肤浅,没有深度,完全没有把情感融入到对文章的理解之中去,所以,语文老师要努力挖掘学生与教材中的情感因素,使其产生共鸣,使学生能创造性地理解和使用好教材。这就需要教师根据时代的发展、学生的年龄特点、兴趣爱好等多方面因素,精心组织教学,充分地展示知识的形成、发生和发展过程,让情感有机渗透,丰富学生的情感体验,使学生变得爱学、乐学。

初中阶段,现代文阅读的文体形式丰富。有写人记事的记叙文,这类文章有的故事性强,扣人心弦,有的语言优美,文采飞扬;也有"传授知识的文字"——说明文,这类文章的教学承担着普及科学知识,激发学生热爱科学、探索求知领域、提高科学素养的重任;还有用概念、判断、推理来表明作者观点或阐明道理的议论文,这需要一定的思辨能力和理性的思考。在教学过程中,我认为,无论是哪种文体的语文课,都应该是富有情感的,充满意趣,洋溢着韵味。语文本身就是最富有情感的学科,语文教师就是这种情感之火的点燃者、传递者,把学生培养成有情感的人,语文教师就要将这种情感灌注在教学的每一个环节。

## 二、"情感语文"教学主张策略

### (一)课前行动策略

1. 利用学案,酝酿情感。通过导学案,指导学生自主学习、主动参与、合作探究。事实证明,上课之前经过有效的预习指导,课堂效果明显比未经过任何预习的情况好。

2. 小组探究,共享资源。这也是在新的课程理念下,所提倡的学生以合作探究的方式进行学习。学生在导学案的指导下,有了一定的目标与方向,不再是盲目地读一遍文章,在小组共同探究的氛围中,大家共享资源,相互争论,可以激发学生学习的热情。

3. 展示交流,事半功倍。这个环节为同学们提供了一个展示交流的平台。通过上一个环节的小组探究,确实解决了一些问题,不过也有一些没有解决的问题,甚至产生了新的疑问,这些都可以通过这个环节来尽情发挥,学生在交流的过程中获得了成就感。同时小组之间进行交流,这也起到了互相弥补的作用,可能这个问题我们小组没有考虑到,听了别的小组的交流后,恍然大悟。从老师这方面来说,老师可以从中知道同学们存在问题最多的环节在哪里,也能够有效地确定教学的重点和难点,提高课堂效率,不得不说是事半功倍。

### (二) 高效课堂策略

1. 创设情境,激活情感。通常上课铃一响,同学们便纷纷回到自己的座位上来,但其实很多学生的思绪还游离于课堂之外,这个时候就需要教师通过创设情境的方式,使学生的情绪融入课文中来,这样有利于尽快调动学生的注意力,指导学生的思维方向,促使学生认真细致地阅读课文。

如执教《表哥驾到》这一课时,我设计了这样一个导入。首先出示了一张漫画,同学们看到漫画,一下子提起了精神,我接着介绍到:"这幅漫画的名字叫《别人家的孩子》,是根据网上流传的一个帖子上的一幅漫画。'你看看隔壁家的某某某,学习多自觉啊!''我同事的女儿今年考上重点中学了,你怎么就没人家这么争气呢!'……同学们是否经常听到父母唠叨这些话语呢?"同学们都很有感触地点头。我接着问道:"网上把比你厉害的同龄人称之为'别人家的孩子',同学们,你们的父母有没有说过类似的话呢? 把你经历拿出来和大家分享一下。"同学们纷纷开始举手。有同学说:"我妈妈就总是拿我和'别人家的孩子'做比较,这个'别人家的孩子'有时是具体的人,有时是他们虚构的,总之当我学习放松、退步,或者他们对我有什么新要求的时候,这个'别人家的孩子'就会出现。"我接着他的话说:"看来好多同学有类似的经历,我们今天学的这篇文章,讲的就是别人家孩子的故事!"很快,同学们兴奋地投入到了新课的学习中。后来有一次在和一位家长沟通孩子情况时,这位家长竟然也提到了"别人家的孩子",说孩子说不要总是拿自己跟别人做比较,这样他会失去自信心。她接着向我解释道,是孩子回家后和父母说的,说语文老师在讲课中提到的。这让我感到很意外。这说明课堂上讲的内容对学生触动比较大,让他们愿意回家后和父母一起来沟通分享。恰当的情境导入,这不仅能让学生快速地进入学习状态,还能够激活学生的情感,与之产生共鸣!

2. 层进朗读,熏陶情感。"以读为本"是语文教学最基本的宗旨。阅读教学应立足于培养孩子阅读文章的兴趣,引导孩子在"读"中品味语言,积累语言,在"读"中迁移运用、熏陶情感。

《安塞腰鼓》是一篇非常适合朗读的文章,通过朗读,让学生感受到那种鼓声给人带来的震撼,感受到文章所传达的那种壮阔、豪放、火烈的情感,感受到那群后生在逆境中仍能保持着积极向上、永不屈服的精神。但是,怎么才能让学生读出其中的情感呢?毕竟学生对这种腰鼓文化非常陌生,在观看视频的时候,有的学生甚至说,就看到灰蒙蒙的一片,不知道他们在干什么。面对这样一种情况,我采用了层进式的朗读方法,让学生在朗读中,受到感染,熏陶情感。

师:同学们能从文中找出反复吟咏赞叹安塞腰鼓的一句话吗?

生:好一个安塞腰鼓。

师:再大声朗读一遍!

生:好一个安塞腰鼓!

师:它究竟好在哪里呢? 让我们读一读,品一品。第一个"好"出现在哪里?

生:第 13 自然段。

师:请同学们在第一个"好"中找出你认为最精彩的一句话,让我们读出一种精彩,并说说精彩的理由。

(学生交流、讨论、朗读)

师:现在我们请四位同学和老师一起来合作朗读,一人一句,读出它的精彩。

(师生合作诵读,铿锵有力)

师:从诵读中你们感受到这腰鼓还有一股什么?

生:劲!

师：没错,请同学们读出这股劲来!

生：容不得束缚,容不得羁绊,容不得闭塞,是挣脱了、冲破了、撞开了的那么一股劲!

师：读出了一股力量!

……

师：观众的心为什么变成牛皮鼓面了?

生：我认为是因为鼓声富有感染力,使观众产生了共鸣。

师：很好,读懂了一种共鸣! 你觉得文中哪个词最能让你体会到这种震撼?

生：隆隆。

师：让我们用心感受这种震撼!

(学生激情朗读)

通过读品结合的方式,从刚开始的读出一种精彩,到读出一种力量,再到读出一种共鸣,最终读出一种震撼,层层递进,让学生在读中品,在品中读,最终使学生的情感得以升华,受到感染。

3. 品读赏析,体悟情感。在执教《在那颗星子下》一课时,在对文中两个主要人物进行形象分析时,我设计了如下环节：

师：我们从文中“我”和林老师这句话的行为、言谈中,感受到了人物的纯真与真挚,请同学们精读课文,逐步分析“我”和林老师的形象特点。(对于预习过的孩子来说,问题一提出,他们可能会马上反应出来一些内容,但并不全面。)

第一步,请同学们精读课文,逐步分析“我”的人物性格。(生自由朗读)

师：“我”有怎样的性格特点?

生：贪玩,聪明。

师：这只能算大致了解,要想更深入准确地把握人物性格,我们还要完成以下步骤。

第二步：划。请同学们圈划出描写“我”的语言、动作、神态等语句,揣摩人物心理。

第三步：写。把"我"的言行转换成心理活动，以"我"的口吻写下来。

师：请同学们按照第二步、第三步的提示完成自学任务。

师：大部分同学都完成了，同桌互相读一读，分享成果，可以加上表情和恰当的动作，以表现人物的内心活动。

生：我写的是作者站在讲台上做题那段的心理活动。我站在讲台上，望着这一道道的题目，怎么突然变得这么陌生？明明考试的时候还是那么熟悉，怎么现在全都想不起来了，哎，都怪我，以前没好好复习，临时抱佛脚，现在露馅了，我该怎么办啊！

师：感情很丰富，把"我"当时内心的尴尬与无奈都表现了出来。

生：我选的是在听完林老师的一番教导后"我"的心理活动。林老师不但没有批评我，还这么耐心地教导我，最让我没想到的是，她竟然还在成绩单上写着"优"。我真是太不应该了，以后我一定要认真学习，不会再犯同样的错误了。

师：从你的告白中，我感受到了林老师对"我"的影响之深刻！……请同学们完成第四步，用准确的词说出"我"和林老师的性格特点。

生："我"调皮，贪玩，天真，有情，有义气……

生：对林老师充满了崇敬与眷恋。

生：林老师是一个平凡、宽容、慈爱的老师，她理解学生的自尊，关心学生的成长。既严格要求，又善于引导。

最后总结分析人物的方法：第一步，先找出描写人物的典型语句；第二步，揣摩语言、动作、神态背后的心理活动；第三步，用第一人称的口吻讲述人物内心活动；第四步，用准确的词语归纳概括人物的性格特点。

学生对文章情感的体验是逐步深入的，如果一步就让学生得出答案，并不是那么容易，即使得出答案，也是浮于表面的，学生并没有深刻的情感体验。考虑到这一点，在备课的过程中，我设计了以上这样几个环节。从学生的自身情感出发，让他们站在人物的立场上来体会感悟,这样对人物的体会会更深刻。学生一方面体验了情感,另一方面也积累了方法。

### (三) 课后评价策略

1. 多层作业,延续情感。每次在布置作业时,我都在思考,什么样的作业才能让学生乐于去完成,而不是把作业当成是一件负担。我发现,对于一些学习态度不是很认真的同学,作业如果少、简单,完成情况还不错,但是如果作业难、多,质量就比较差;而对于成绩好、态度认真的同学,无论难易,他们都会认真完成。在这种情况下,分层作业就显得尤为重要,对于态度不认真、基础薄弱的同学来说,与其布置又多又难的作业,还不如布置符合他们认知能力的作业,保护他们对学习的积极性。

在学习《大自然的语言》这篇说明文的时候,我布置了这样一道不同层次的作业:

一颗星——巩固课文内容,举例介绍一下什么是大自然的语言。

二颗星——用修辞手法来介绍大自然的语言。

三颗星——用一首小诗来表达大自然的语言。

对于一颗星的题目,完全可以从文中找出答案,直接抄下了,比较简单。二颗星的题目需要稍微动动脑筋,既是对文章内容的巩固,又是对学生语言能力的一个训练。而三颗星则需要比较完整的诗歌创作来体现文章的内容。作业在布置下去之后,可以看到基础薄弱的同学脸上露出了开心的笑容,看着问题跃跃欲试,而基础较好的同学脸上则露出了自信的笑容,似乎已暗自下了决心,向高难度挑战。第二天看到了学生们的答案:

一颗星:杏花开了,就好像大自然在传话,要赶快耕地;桃花开了,又好像在暗示要赶快种谷子。这些自然现象,就是大自然的语言,我国古代劳动人民称之为物候。

二颗星：大自然的语言，是立春过后，冰雪融化，草木萌发，各种花次第开放；大自然的语言，是燕子翩然归来，植物孕育果实的时期；大自然的语言，是果实成熟，植物的叶子渐渐变黄，在秋风中簌簌地落下来……

三颗星：

当微风吹绿了大地/小鸟换上新衣/我徜徉在春的气息里，

当花朵和似火的骄阳来临/我感受到了夏的欢喜，

当北风席卷着落叶/当枯枝在寒风中颤抖/大自然在树上写着：冬天已经不远，

当白雪映着耀眼的光/用雪花和热闹的新年/给人们带来/冬的美丽，

这/就是大自然的语言。

不少同学选择了二颗星、三颗星，如果我直接把三颗星的题目作为作业布置给每一位同学，肯定会有同学抱怨，说是不会写，写不出来，但是以不同层次的作业形式出现，他们反倒会选比较难一点的题目，这样更富有挑战性。总之，同学们的积极性与创造性超出了我的想象。

2. 语文活动，张扬情感。形式多样的语文活动可以激发学生学习语文的兴趣，积累知识，锻炼能力，更能够培养学生的个性，让学生在积累中张扬情感。

在平时的教学中，我坚持让学生进行阅读积累，每天三分钟的好书共享，让学生把自己喜欢的书介绍给大家，选取书中的精彩片段分享给大家。班级里有专门的读书角，小小的书架让班级里形成了良好的阅读氛围。除了阅读，还让学生们把好的文章摘抄下来，写下自己的心得感悟，刚开始的时候，有些同学会说没什么感悟可写，我会告诉他们，在摘抄之前先要经过自己的筛选，选出自己喜欢的文章，然后把你喜欢的原因写出来，刚开始可以写一两句，慢慢地就会有话可说了。经过长时间的阅读、积累，同学们的思想变得丰富了，头脑里再不是空无一物，写作文的时候也觉得有话可说了。

如七年级下"两代人的心灵沟通"这个单元，由于本单元的几篇课文都是和父爱母爱有关,于是,我设计了这样一个语文综合活动——感恩父母,与爱同行。第一阶段:收集资料。分小组收集有关亲情的文章、诗文、对联、小故事等,阅读和整合收集的资料并筛选出有价值的资料。第二阶段:体会父母对自己的关爱。观察生活中父母的操劳,感受父母对自己无微不至的关怀,体会父母的辛劳,懂得爱是至高无上的,尊重父母的爱,学会感谢身边最亲近的人。以各种不同的形式呈现出来。第三阶段:交流。在交流的过程中,几个小组分别做了 PPT,在体会父母对自己的关爱环节,同学们可以说是八仙过海,各显神通。有的组把对父母的爱写成小诗,给大家朗诵出来,为父母做一件力所能及的事;有的把对父母的爱凝聚在一个温暖的拥抱之中,并用相机记录了这美好的一刻。还有一个专门负责收集资料的组员,她说在寻找资料的过程中,进行了大量阅读,原来不怎么喜欢阅读文章的,但是在搜集的过程中,发现了读书的乐趣……在活动结束后,我让同学们写下活动的收获,或者是对父爱母爱的重新认识。从同学们的文章中,我感受到了孩子们在活动中的成长。一个简单的语文综合活动,能挖掘出孩子们内在的那颗感恩之心,能使孩子们内心那炽热的情感得以抒发与释放,让我感受到了孩子们那丰富而又真实的内心世界。

我不敢说每一次的活动都能够让孩子们有多大的变化,但是一次活动,对孩子们来说,能有那么一点儿小小的收获,无论是哪方面,都让我感到欣慰。希望在老师与同学们的共同努力下,孩子们能在不断地学习与积累中,丰富自己的情感,提高语文水平。

经过这一年对情感教学策略的探索,初步形成了这样一个课前行动、高效课堂、课后评价策略的可操作体系。它既便于在课堂上操作,又能基于学业质量标准切实提高语文教学质量。我所任教的两个班的语文成绩,在同类班级中的大大小小的考试中,均能位列前茅。通过情感策略的研究,一方面保证课堂上的高效、扎实,另一方面使语文学习从课堂延续到课下,在情感语文策略的滋润下,使学生对语文的学习充满活力与生命力。

语文教学会给学生情感美的滋养，也会给学生艺术美的熏陶，它完全应该是开放的、互动的、诗意的。一朵具体的花，远比关于她的一千种描述包含更多美感，情融融，意切切，方能在语文世界里为学生撑起一片朗朗的天。当然，在语文教学中进行情感渗透的教育方法、途径还有很多，正所谓"听唱新翻杨柳枝，更吟别韵桃李词。踏歌不尽心头语，前路再和千首诗"。热爱我们语文教学，在语文课程改革试验中，关注语文教学中点点滴滴的思索与感动，这样才会让我们的语文真正成为广大学生的一种期待。

## 课程设计　古韵飘香

适合年级：预备、初一年级

## 一、　课程背景

中国作为一个有着几千年传统文化的文明古国，至今它的文化的璀璨光芒仍照耀着这个世界，传统文化对一个人精神领域的影响是深远的。语文是文化传承的重要载体，这决定了语文学科不同于其他学科的特殊性。然而，平时在和学生接触的过程中，我们会发现中学生对中华民族优秀的传统文化、古文化常识知之甚少，更不用提在弘扬传统美德方面了。因此，让学生构筑起健康的民族文化心理，就显得非常重要。如何传承中华民族优秀传统文化，促进语文教学呢？这就需要教师根据时代的发展、学生的年龄特点、兴趣爱好等多方面，精心组织教学，充分地展示知识的形成、发生和发展过程，让情感有机渗透，丰富学生的情感体验，使学生变得爱学、乐学。

## 二、 课程目标

1. 欣赏古典文学作品,分享自己的情感体验,对作品中感人的情境和形象,能说出自己的感受。

2. 广泛阅读古诗文,乐于展示与交流阅读感受,提升阅读品味。

## 三、 课程内容

本课程共 7 讲,具体内容如下:

第 1 讲:自我介绍,相互介绍。(1 课时)学生都是从各个班级报名来的,让学生通过自我介绍与互相介绍熟悉对方,自我介绍要求学生用自己读过的一句古诗来形容自己,并说出原因。自我介绍结束后分小组,明确组长及组员,为后续安排做好准备。

第 2 讲:古诗词名句鉴赏。(2 课时)具体内容包括:由教师挑选两首经典古诗词进行讲解、鉴赏。《将进酒》(李白),《水调歌头·明月几时有》(苏轼)。

第 3 讲:展示及朗诵。(3 课时)具体内容包括:以小组为单位,每个小组选一首古典诗词进行 PPT 制作,内容包括写作背景、诗歌赏析、拓展内容等,并以小组为单位进行交流、朗诵。

第 4 讲:欣赏中央电视台的节目《中国诗词大会》。(3 课时)《中国诗词大会》播出后在社会上引起了强烈反响,带动了全民学诗词的热潮,出现了一批偶像般的才子才女,学生也有所耳闻,借此机会激发学生学习古诗词的兴趣。尤其是嘉宾的解读,巧妙地把诗歌引申为与生活息息相关的话题,深入浅出,让学生从中受益。

第 5 讲:课本剧表演。(4 课时)具体内容:以小组为单位,选出古诗文中一些经典的故事,拍成小品进行表演。

第6讲:古诗词名句竞赛。(2课时)具体内容包括:以小组为单位,进行抢答比赛,内容都是古诗词名句,形式有对句、填字等竞赛形式。

第7讲:古诗词创造。(2课时)具体包括:小组抽签,根据所抽内容,如描写春天、夏天、秋天、冬天、雨、雪、风、花、树、月亮、水等内容,进行诗句的创造。

## 四、 课程实施

采用自编教材,充分利用互联网平台、多媒体课件、音像资料等。主要面向对古诗文有兴趣的学生。共招收20人,每组4—6人。

### (一) 启发讲授

主要运用在第2讲中,通过对两首经典的古诗词进行讲解,让学生初步掌握鉴赏古诗词的方法和步骤。步骤一:看题目。步骤二:看作者(知人论世)。步骤三:读懂诗句。步骤四:回答问题(写了哪些意象,营造了怎样的意境,表达了什么感情)。

### (二) 资料收集

主要在第3讲中,以小组为单位,进行古诗词名句鉴赏,这就需要学生分工,进行资料的收集与整合,根据古诗词鉴赏的方法,让学生了解哪些资料需要收集整理,哪些资料无关紧要。

### (三) 展示表演

在收集整理完资料后,就需要把所需内容整合起来进行展示,展示时是小组代表上台展示PPT,并进行讲解。但是小组代表展示的是凝聚着整组人心血的作品,这个过程是艰辛的,因为每个人都要付出精力,才能让整个小组的作品出彩。在课本剧表演环节,又需要小组成员选材料,写剧本,并进行表演。

### (四) 比赛竞争

比赛竞争这种形式最能激发学生的热情与斗志,在第 6 讲中,以小组为单位进行古诗词名句的抢答比赛,学生需要有一定的知识积累和灵敏的反应,才能在比赛中获胜。

### (五) 圆桌讨论

在整个活动中,无论是展示、朗诵,还是表演、竞赛,都离不开小组的讨论。个人的发展,离不开集体的智慧,让学生在讨论中学习、进步。

### 五、 课程评价

1. 对学生的评价分别从"课前准备、参与态度、知识掌握、技能应用、成果展示"五方面进行综合测评。考评分"平时考核"和"期末综合评定"两部分:平时考核内容为出勤情况、提问检测、作业情况、个体创作;期末综合评定内容为经典诗歌背诵,古诗鉴赏、文学常识考核、诗歌创作等。

2. 考评按照自评、互评、指导教师评价相结合的原则进行,最后形成综合评定等级。其中,自评权重为 20%,互评权重为 30%,指导教师评价权重为 50%。

3. 学生评价等级分为优秀、良好、合格与待合格四级。80 分及以上为优秀,70—79 分为良好,60—69 分为合格,60 分以下为待合格。

(撰稿人:李小豫)

# 阶梯英语
## 扬长避短学外语

## 课程主张 造就英语"好学队伍"

阶梯英语，就是要尊重差异研究个体，分析每个学生学习外语所存在问题的成因，对症下药，扬长避短，提高学生英语学习的有效性。制订出合理有效的阶梯教学方法，从语言技能的不同方面寻找每个学生提高语言能力的突破口，从而提高学生的学习积极性，提高整体的学习效率，缩小"厌学队伍"的体量，分批将其转化为"好学队伍"，通过搭建进步的阶梯来促进学生的英语学习。

英语作为一门基础学科，与其他学科相比，具有其明显的特殊性。它与人的个性、生理条件、心理素质、年龄特征、家庭背景、母语水平等都有密切关系。这些情况导致不同学生语言学习的行为差异，而长久以来，这些差异并没有受到应有的重视，传统的英语教学强调整齐划一的要求，特别是在统一要求下的被动灌输，完全违背了将英语作为一门外语的语言学习规律。在以一把尺子为标准的要求下，我们在自觉或不自觉地"造就"并扩大厌学队伍。阶梯英语恰好可以扭转这一局面。

### 一、阶梯式备课

备课是我们分层教学中要高度重视的内容，除了备教材之外，备学生更是一项需要很多教学智慧的任务。由于学生的个体情况不同,因此不能奢望所有学生都能整齐划一地完成教材或是教师预设的达成目标。要想切实提高教学的有效性,针对学生的不同情况,设定不同学生的不同学习目标是非常必要的。所以我们备课就要分层,而且要准备充分。如果备课不充分,我们的课堂教学就是空谈,所以每堂课我们都要预先为三层学生设计好学习的目标,只有这样才可以做到课堂上胸有成竹,才能让学生真正得到发展。

## 二、 阶梯式教学法

根据新课程标准的要求,英语课程要面向全体学生,注重素质教育。课程特别强调要关注每个学生的情感,激发他们学习英语的兴趣,帮助他们建立学习的成就感和自信心,使他们在学习过程中发展综合语言运用能力,提高人文素养,增强实践能力,培养创新精神。我们在教学设计上一定要符合学生的生理和心理特点,遵循语言学习规律,满足不同类型和不同层次的学生需要。比如"阶梯式教学、阶梯式作业、阶梯式评价、阶梯式辅导与阶梯式备课"的做法,收效良好。

1. 阶梯式课堂。课堂教学中,虽然每节课有一个统一的教学目标,但是根据班级学生的基础水平与掌握基础知识的程度,又把目标细化为三个阶梯的目标,并据此制定课堂学习目标。如,课堂上我都是采用竞争的形式,好的学生和差的学生采取结对子合作的方式来学习,这样不管优的还是差的都会积极达到自己的目标。例如 Unit6 的词汇很多且比较长,那么我们可以创造语境,要胆小的学生上来做出下雨的动作语境,然后另一位学生可以告诉我:It's rain. 我问:Where does the rain come from? 他回答:It comes from the clouds. 其他学生也一起说。同时学习他的对应词:It comes from the clouds. 这一对比,学生就很容易记住了,同样的,我们可以创造不同的语境学习:be rude — be polite, be noisy — be quiet, run in the corridors — walk in the corridors. 这样的词汇,可以用不同的形式巩固：读对应词,好生帮助差生,相互读或者运用;"猫抓老鼠",通过找对手等形式完成。学习这课时,弱组要求拼读熟练掌握 6 个单词就可以了,强组拼读 8 个并运用 come from,而棒组则要求就更高了,除了读熟单词之外还要读熟对话部分,以拓展知识。学生一旦明白自己的目标是可能达成的之后就会朝着自己的目标而努力,因为只要达到了目标,就会得到鼓励与表扬,这时不同阶梯上的学生就都能够体验到成功的喜悦了。

2. 阶梯式的课外辅导。课外辅导工作是课堂教学的延续,同时也是师生沟通的桥梁之一。课堂上学生掌握的知识肯定需求课外复习巩固。仍然以 unit6 为例,对于弱组,我要求会读能记课堂上的 6 个单词。对于强组,要求记忆单词外还要背诵对话,对于棒组则需要默写无误。对于语言学习来说,"五多"(多读、多说、多背、多写、多记),是我们学习英语的诀窍。特别是后进生的发展,更需要关注。此时,我要求优秀的小组对后进生的小组一对一的学习,中等生则要求加强背诵与交流。教师在旁边起引导辅助的作用。在自主学习时间通过结对子加强学习的有效性,也促进了学生的主动学习、探究的能力。

3. 阶梯式作业：为了在教学里做到"上不封顶,下要保底",学生作业也要阶梯式。为"基础作业、自主作业、提高作业"。好学生一般自主学习能力较强,为了不限制他们的发展,我常常让他们自己来选择作业。中等生我就给他们布置提高作业,后进生只要完成基础作业就可以了,然后再根据基础作业的完成情况再补充一些提高题目,这样让他们得到循序渐进的训练,无论是哪个组别的学生只要付出一定的努力,在原有的基础之上能够得到进步,自信心也因此增强,形成良性循环,学生的学习成绩就会不断得到提高。

4. 阶梯式评价。评价对提高学生的学习积极性很重要。所以我们要重视发现学生的"闪光点",并且及时给予肯定及表扬。由于学生的习惯、智力、兴趣和性格等方面都有很大差别,因此对学生的评价要采取阶梯式评价。对学生的评价分为严格性评价、激励性评价和赏识性评价。学校正在操作的学生成长空间要求每学期对学生进行 2 次评价,与以往的期末评价相比,分阶段的评价更能够促进学生在下一阶段努力进步。例如,对于后进生我们要用赏识评价法,和家长沟通好,稍微有些进步,就要共同对孩子的进步加以肯定与鼓励。中等生则是要求激励评价,帮助他设定更高一级的目标,激励他通过努力争取更上一台阶。对于成绩较好的优生,我们不但要激励,还要严格要求。

## 三、 阶梯式作业辅导、批改

由于作业采用阶梯式分层布置,那么对于作业的批阅依然也需要采用分层方法来对待。对于后进生的作业,一般采取"面批"的方式,这有利于帮助基础较差的学生及时发现问题,纠正错误,巩固所学的知识。在面对面的沟通交流中,将学生呈现出的错误一一指出并纠正,这样的方法比统一批阅后再进行个别交流时效性更强,收效更好。对于中等生,可以采取"互批、面批"的方式。对于基础好的学生,因为他们自主性比较强,我则常采取"抄写免批、抽查批,课外提高练习,分时段解决疑问"的方式来处理的。

英语课程标准突出强调学生主体,尊重个体差异,学生的发展是英语课程的出发点和归宿。英语课程在目标设定、教学过程、课程评价和教学资源的开发等方面都突出以学生为主体的思想。课堂教学的实施过程应成为学生在教师指导下构建知识、提高技能、磨砺意志、活跃思维、展现个性、发展心智和拓展视野的过程。因此在这一背景下,分层阶梯式教学是一种与时代精神相通的教育理念,它真正体现了因材施教,避免了传统教学的"一刀切"现象,重视学生个体、个性的自主发展。学生在阶梯英语这一教学主张的理念之下能够根据自己的基础和能力,达成那个蹦一蹦就能够得到的目标,因此学习英语的积极性会大大提高。推进实行阶梯英语也就能切实提高英语教学质量,提高学生素质,培养学生掌握语言和运用语言能力。

## 课程设计　乐学英语

### 一、课程背景

法国教育家第斯多惠说："教学的艺术不在于传授本领，而在于激励、唤醒、鼓舞。"英语教育就是把快乐学习英语的理念融入英语教学中，营造氛围和意境，激发学生饱满的学习情绪、旺盛的精力、积极参与的态度，在快乐的课堂活动中自主学习，享受英语所带来的每一份快乐。在课程的设置中突出校本特色，激活学生学习动机。任何课程都是一定知识领域的集中体现。本课程能够弥补日常文本课程在知识呈现等方面的不足，从学生身边最为普遍的现象入手，鼓励学生由浅入深地学习和运用，以此来激发学生的学习激情和兴趣。这就要求我们找出自编课程的特色，让学生能够始终保持高涨的激情，积极主动参与学习，从而提高学生学习兴趣。自编课程特色的呈现，则是围绕课程教学目标任务要求，找出学生容易认可和关心的学习话题，让学生能够在轻松自由的学习环境中愉快地学习和运用英语，发挥自编课程的特色之长，鼓励学生积极参与。在突出课程特色中，应该紧紧围绕课程教学的重点和难点，通过发挥课程资源的特色来鼓励学生主动参与。孔子曰："知之者不如乐之者。"在快乐的氛围中，学生的多元化语言学习思维就能得到激活，英语学习的目标也一定能得以实现。

### 二、课程目标

1. 能听懂熟悉话题的简单语段，并从中获取主要信息。

2. 在日常交际时,能引出话题并进行交谈,参与角色表演。

## 三、 课程内容

本课程包含以下 8 讲的内容:

第 1 讲,say you, say me。(1 课时)通过自我介绍,看外貌描述猜人物等活动掌握描述外貌和性格的词汇句式,在此基础上掌握基本的喜好,情绪表达方式,学会如何介绍人物和人际交往中的基本语句和礼仪。

第 2 讲,happy festivals。(2 课时)介绍西方传统节日习俗,通过短片、照片,结合节日的食物、活动、特色装扮等方面,创造语言环境,让学生从中了解相关词汇表达,体验不同文化背景下的节日活动。

第 3 讲,reading with fun。(2 课时)挑选有趣的原版英语绘本,结合图片,介绍生活中有趣的情节,分角色朗读,根据情境设计对话,或者排练情景剧,创设语言氛围,提高表达能力。

第 4 讲,英语趣配音,截取学生感兴趣的电影或动画片的经典片段,通过导读,让学生分小组、领任务、观看、模仿、熟读、理解、应用,最后做到输出,可以进行小组竞赛,从而激发学生更大的兴趣。

第 5 讲,VIP in the history。结合历史教材,介绍英语国家的一些著名人物,通过文字、图片和视频等形式全方位地加以介绍,并最终落实到查找补充材料、撰写人物介绍上,落实到笔头能力的提高上。

第 6 讲,Debating time。(3 课时)观摩辩论片段,了解基本的辩论环节、要素,每节课选取一个贴近学生生活的主题,通过课前材料准备、课堂上预热、演练和课后小结,形成英语辩论的基本意识。选题例如:Should students have pocket money?

## 四、 课程实施

本课程每周一课时,由选修课教师担任指导教师。主要采用老师讲授、问题探究、实践演练等方式,面向全体教学,学生自主报名,教师分组教学、个别指导。

### (一) 老师讲授

对于陌生话题或者形式的引入,需要教师设计好教学思路,由浅入深,由熟悉的内容引到不熟悉的内容,用清晰、精练、准确、生动的教学语言科学地组织教学内容,并通过设问解疑,激发学生的求知欲和积极的思维活动。

### (二) 问题探究

例如节日主题,可以让学生提前分组准备材料,在准备的过程中提出疑问,并在教师组织和指导下,通过独立的探究和研究活动,探求问题的答案,进而获得知识。

### (三) 实践演练

对于一些实践参与性比较强的内容,学生亲身参与实践比任何形式的讲授都更有效,例如配音、绘本的朗读和表演。

## 五、 课程评价

1. 根据课程内容的不同,从课前准备程度、课堂活跃表现和课后小结的认真程度给予表现分,通过词汇句式考查的试卷得分给予基础分。

2. 考评按照自评、互评、指导教师评价相结合的原则进行,最后形成综合评定等级。其中,自评权重为 20％,互评权重为 30％,指导教师评价权重为 50％。

3. 学生评价等级分为优秀、良好、合格与不合格四级。80 分及以上为优秀,70—79 分为良好,60—69 分为合格,60 分以下为不合格。

（撰稿者：陈庆）

**第五章**

---

关键学习素养： 学科课程的图谱

学校通过聚焦"关键学习素养"，规划与设计具有对应功能的课程方案，在资源融合、途径开拓与情境范式多样化的学校课程实践探索中，形成学校的课程图谱。学校学习资源的提供趋于灵动，相应活动项目的设置呈现出立体架构，达成多元支持、多向策应、多方聚力的融合驱动。进而深化学生的学习动力，促进学生认知与建构能力的发展，助推学生对科目的兴趣与探索能力的提升。

学校在综合实践与跨学科融合的基础上,形成了"1＋X"学科课程群集结与建设的校本课程图谱。力求在课程建设中,从课程类型、课程内容、课程实施、课程评价等方面,加以精准规划,以专题与特色的定位,满足不同特性学生的各种学习需求和成长愿望,让每位学生都能在课程学习中享受到快乐和取得收获。目前,落实"1＋X"课程群理念,推进"1＋X"课程群的建构,已经成为全校师生的共同愿景。

设置基础型课程时,考虑内容间的相互联系和学习过程具有共同特征的学习领域,课程包括语文、数学、英语、科学、信息技术、体育与健身、艺术等,重在促进学生学科基础素养和学习基本素养的形成和发展,满足社会对公民素质的最基本要求,是全体学生必须修习(必修)的课程。

课程群着眼于学生的兴趣爱好、个性潜能的发展和学校办学特色的形成,以完善学科基础素养和学习基本素养,以提高学生自我规划、自主选择、自主学习能力为宗旨。德育课程类下设"两纲教育""行规教育""主题活动""社会实践"四个主题,其中"文化探访"属于近几年新开发的课程,目标上强调社会参与;科学探索类分为"自然"和"科技创新"两个主题;身心健康类分为"体育"和"心理"两个主题;艺术人文分为"人文修养"和"艺术审美"两大主题;实践交流类分为"二中讲坛""校园文化节""国际理解"三个主题。这五大课程群,对学科课程内容做出延伸、拓宽、整合,在满足学生兴趣和个性发展需要的前提下,强化学科实践、探究和创新特色,也关注学生在身心健康方面的成长。

课程群定位在通过专题性与综合性的研究学习实现知识的迁移,培养学生的创造性学力,根本在于创新精神和实践能力的提高。课程实施和管理中,通过细化规范,为课程的开展"保驾护航"。可以说,在教导处的召集下,形成了一支层级分明、权责清晰的课程建设团队,这支团队通过建立课程运作的规范程序,开发了依托网络平台的科学管理系统,由此制定全面的课程管理制度。另一方面强调教学各环节的系统优化,关注单元教学目标设计、问题导向的教学过程和创设情境的学习活动等等。

　　对课程质量的评价,学校配套了多维度、多主体、多渠道的课程评价方案。具体是指以学生、课程管理小组为评价主体。在线上,利用课程管理平台,面向学生开展满意度调查;在线下,课程管理小组利用专门的评价量表,对课程设计、课堂教学和课程成效赋予不同权重以进行综合评分。课程设计评价是课程正式实施前的原型评价,主要关注课程主题的选择、教案的规范性等;课堂实施评价关注教学内容和教学过程;课程成效评价则关注实际的实施效果,将学生的学习成果和学生的满意度作为评价指标。结合学生和小组两方的评价结果,综合衡量课程质量。评价结果还纳入教师绩效奖励,除参照学科课程发放基本课时费外,还根据课程质量遴选星级课程,绩效奖励按星级叠加,对优秀课程进行表彰和推广,从而充分发挥评价对教师持续开发课程的激励作用。

## ┃ 活力英语 ┃
## 浸润生命的根基

> **课程主张　英语课堂也要焕发生命光彩**

　　进入 21 世纪以来，时代向学校培养人才提出了新的挑战。当代青少年面临着一个前所未有的迅速发展的时代，他们只有学会独立思考，不断发现问题与创造性地解决问题，才能在激烈竞争的社会中生存和施展才华。叶澜教授指出，"活力英语"研究诞生于我国社会由近代向现代教育的转型与学校教育由"近代型"向"现代型"转换时期，其目的是形成新的基础教育观念和创建新型学校，培养 21 世纪所需要的一代新人。

### 一、 全新的"活力英语"理念给英语教师提出了高层次的要求

　　"活力英语"关于基础教育的观念不同于以往"基础教育"的概念，它视基础教育为为学生终身学习和主动发展奠定基础的教育。因此，重视学生成长的需要与发展学生的主动性和创造性是"活力英语"关注的主要问题。于是"活力英语"给我们带来了前所未有的挑战，它要求英语教师需具有精深的专业知识、较强的语言表达能力和交际能力，具有较广博的世界人文地理知识，注重自身的礼仪修养。我走上工作岗位虽有十几年，但所有的教学也只是凭着平时积累的一点感性的认识在进行，过去的教学受"应试教育""升学教育"旧的观念影响以及教材束缚，因

此我常常独自把持课堂,往往忽略调动学生的积极性,这种既阻碍了教学改革的开展,也阻碍素质教育的实施。人们常说:"要给学生一杯水,自己必须要有一桶水。"但我认为,光有一桶水是远远不够的,学生需要的是源源不断的活水,这样才能启发学生保持不竭的活力,主动、健康地发展。非常幸运的是,学校领导给了我几次很好的成长机会,让我参加了"活力英语"的研讨课教学,从而有幸得到左涣琪教授的亲自指点。

在没有接触"活力英语"之前,我的教学处于一种感性的状态,课前备课把教参当作唯一指令,没有一点自己的思考与创新,常常在课堂上让学生做大量模仿、背诵和机械操练,很少提倡学生主动、积极地思考与提问,甚至当学生在语言练习中根据已知灵活使用一个确切的同义词时,我也很少有意识地给予肯定,而要求学生改用我规定的单词来表达意义。在整个教学过程中,我只顾将语言点在规定的课时内灌输下去,很少让学生去思考如何总结学习和使用外语的规律,探索适合自己的学习策略和方法,而自己在课后也很少进行必要的反思。自从听过左教授的几次评课以后,我发现,上课除了课前备课、课堂45分钟的教学以外,还要进行反思。刚开始的时候我很不明白,反思在脑子里想想就可以了,还要写成文干什么?怀着满肚子的不情愿开始完成任务式的交差,然而在任务的驱动下,我渐渐形成习惯,慢慢地就开始探讨一些提高教学效率的方法与策略,教学水平也在无形中得到提升。现在评价、反思已经不再是一种任务,而是成为一种内在的驱动。反思是多方面的,从学生的课堂反应情况、作业完成情况、家长的反馈等反思我课堂教学的效果,从课堂教学反思我的备课是否充分,有没有备好学生,备好教材;反思自己在课堂上捕捉资源的情况,有没有忽视重要的新生资源等等,假如让我重新来过,这节课我应该在哪些方面做一些调整。拥有这样的反思意识以后,我的教学水平也在逐步地提升,这得感谢左教授,感谢"活力英语"。

## 二、"活力英语"为教师、学生创设自主、互动的发展空间

　　课堂教学中,传授知识不应是教学的主要目的,更不应是教育的唯一目的。教育是教师和学生双方作用的过程(即人作用于人的过程),其核心关系是教与学的关系,因此教师和学生都是主体。"教师是教的主体,学生是学的主体,也就是说主体的发展,不仅不否定教师的作用,而且把教师也视为并列的活动主体,且发挥着指导者的作用。教育中的这种'双主体性'决定了教师要负教的责任,学生要负学的责任,只有双方的主体作用都得到充分发挥,教育才能收到最佳效果。"然而,正如我前面所说,在没有接触"活力英语"之前,我在课堂上仍然是处于独自把持的状态,根本没有考虑到学生也应是教育的主体,没有思考过如何发挥好这种"双主体"作用,这是我在了解"活力英语"之后的一个新的领悟。在教学中,教师是课堂教学活动的引导者、促进者,是言语交流活动的共同交际者,也是教学方法的探索者、研究者。教师进行的一切教学研究活动都应该在考虑教学目标和教学目的的基础上,以学生的需要、学生的能力、学生的发展为出发点,以能够发挥他们的主观能动性和创造性为前提。"活力英语"从人的高度出发,提出应把课堂看作是学生展示激情、智慧与个性的大舞台,更要注重师生间情感沟通。英语教学中具有大量的言语交流活动,需要学生积极参与,而语言的交流离不开情感交流。因此,教师要充分利用语言教学课这一有利条件,鼓励学生大胆尝试,尊重学生发表的看法,理解学生学习中的顾虑和难处,关爱学生,信任学生,给学生提供"安全感",在宽松和谐的语言学习气氛中,帮助学生解除心理障碍,增强自信,从而达到调动学生学习积极性和主动性的目的,让学生将学习的课堂发展成为焕发学生生命力的场所,在发挥教师教的作用的同时,充分体现学生学习的主体地位,调动学生学习的积极性,使学生有基础、有方法、有机会、有能力主动积极学习。师生在课堂上不但应传递知识方面信息,而且应传递情感方面的信息。既要让学生学到

知识，又让学生在精神满足的基础上发展个性。

## 三、"活力英语"外语教学改革原则在课堂教学中的运用

### (一) 英语拓展课，渗透语言文化，以"互动"的方式来培养学生的自主学习能力

多年前，还很年轻的我很高兴地接受了学校给我的任务——"活力英语"全区公开展示课。我选用的课题是初二英语第五章的第二教时：迪士尼的教学。这节课课型属于读写课，以读为主，写为辅。课的开始我就注意鼓励学生，并激发他们的学习积极性，于是提出了一个开放性的问题：What do you know about Disney?其实关于迪士尼的内容，学生以前就知道很多，而且他们对这个话题也特别感兴趣，于是从《米老鼠唐老鸭》谈到《白雪公主》，从《灰姑娘》又说到《狮子王》，师生之间畅所欲言，分享彼此的快乐，然后我慢慢由学生讲到的内容引向课文。在课文的学习中，我也鼓励学生根据上下文猜测生词词义，看着学生们争先恐后举起的手，我知道，学生的学习积极性被完全调动起来了。迪士尼乐园不同于其他国家的主题公园的地方就在于它的公园里有很多的卡通人物，而且每个人物都有着它所含的寓意，体现的就是美国的独特的儿童文化。我这节课主要的学习内容就是英美文化在教材中的深入，所以，在左教师的指导下，我选用了《白雪公主》的短故事，将其作为教材的拓展，让学生在除了了解迪士尼的著名卡通人物以外，还要通过这个故事知道什么是美，什么是丑，什么是正义，什么邪恶。语言是文化的载体，它体现了一定的文化。同时，语言与文化又互为条件、互相依存，离开了外国文化，要学好外语是不可能的。学生们在课堂上各抒己见，用他们简单而流利的英语口语诉说着他们了解的迪士尼，他们所知道的《白雪公主》故事里的文化。这样的"互动"不仅是师生在语言上的对答，更重要的是教师与学生思想的交流与情感的交融，这是语言交际的先决条件。学生互动是外语学习中合作学习的体现，

它促使学生主动积极地参与外语课堂教学,使他们不仅从教师、教材和其他教学材料中获取语言素材,而且从同伴提供的教学资源中受益。同时,借助教师的指导,学生互动时使用的外语材料比较贴近学生的生活与语言,为学生所熟悉与喜爱,这有利于激发学生的学习兴趣,并被学生接受,从而加大了学生的外语输入。更重要的是,通过与同伴的交流,表达思想的机会大为增加,语言训练的质量也从中得到提高,这对于培养学生的外语交际能力极为有利。这堂英语展示课让学生既学会了应知的英语,也将迪士尼人物的特殊文化意义灌输给了学生,并真正发挥了学生的主体作用,从被动接受式的"要我学"转化为主动进取式的"我要学",最终走上能自我教育式的"我会学"的道路。是"活力英语"让我体会到了教学的快乐,让我感受到了课堂上的师生情感交流乐趣,从此以后,我对"活力英语"始终有一种特别的亲切感。是左焕琪教授让我学会了很多,让我的教学之路走得更顺畅。

我们提倡以学生为主体,但并不排斥教师指导,只是教师指导的作用在于,实现学生主体性,而学生主体又反过来活跃教师的指导活动,两者相互为用。对于学生来说,可以因教师的指导作用而发挥更好的积极性,学习上不走弯路;对教师来说,可以取得教学相长的进步。

**(二) 英语阅读新授课,有效地将学生的发散性思维与收敛性思维相结合,并培养学生的想象能力**

正是有了这一全新理念作为支撑点,我在近段时间的课本教授中做了大胆的改革。多年来的习惯定势使大家对于教材有着盲目的崇拜,认为教材是不可更改的,一切都必须以教材上所说的为准。谁要是把教材上的内容上说得又准又规范,谁就是最好的。教材就是经典。现在,这种格局将被打破。"活力英语"提出,教师要不断地对教材进行挖掘和深度思考,从中找到突破口,体现到教学中去,就能给学生以新的刺激和感受。就拿 2009 学年"Windy Weather"这堂"活力英语"

全区公开课来说,这篇课文是 4 幅图画,每幅图都有相应的文字说明,但是图片的顺序是混乱的,课本的要求是让学生排顺序,这种方式较为低级。学生不怎么动脑筋都能做到。为了让学生在课堂上真正地"活"起来,我将课文进行了重组。

A. 首先,我对教材做了全面分析,然后自己将课文进行了简单的排序,给出了故事的前两幅图,并让学生运用已学过的词汇与句型,对两幅图进行描述。

B. 在学生对两幅图的内容全面了解之后,我提出了一个问题:"Do you want to know what will happen next?"四人一组进行讨论来猜测接下来第三、四幅图中即将发生的内容。大家的兴趣一下子被激发起来了,此时,学生的发散性思维得到了发挥。

C. 然后全班讨论故事内容,我将讨论引导至合乎故事逻辑,使学生的思维得到了初步的收敛。

D. 对照自己的思考与故事情节的差异,小组讨论故事结束后,请学习成绩较好的学生总结,我再加以完善,此时学生的思维得到了收敛。

E. 掌握故事的主要内容,我提出了能够涵盖课文内容的几个问题,让学生小组讨论后回答。

四人的小组纷纷动起来,小组讨论的结果自然是五花八门的,我也发现学生们的想象力是如此令人惊叹。在听他们讨论的结果时,只要有一组能接近课文正确答案,我就可以将他们引向课文,这是学生们自己讨论的结果,不容易遗忘,而且学习时兴趣高,思维活跃,也很容易接受。这不但将学生的发散性思维和收敛性思维做了有效地结合,而且巧妙地将教材进行了重组。

### (三)"活力英语"理念下独特的听说课,机械操练与灵活运用相结合

单一的教学方法是乏味的。即使是一个好的方法,经常用,也会失去它的魅力。为了激发学生的兴趣,保持学生的兴趣,巩固所学内容,左教授告诉我要认真钻研教材,根据教学内容的不同,使用不同的方法。这就要求教师付出心血,不断

地探索。在教"see sb doing sth"这个句型的时候,我没有采用老套的教学方式,而是在网上找了很多体现不同职业的图片,问学生从这些图片看到了什么。如一张消防员的图片,有的学生说:"I can see the fireman putting out the fire."有的学生说:"I can see the fireman saving some people."还有的学生说:"I can see the fireman smiling at me."仅仅一幅图片,就能让学生畅所欲言,在不知不觉中轻松学会了知识。这让我深深感受到了"活力英语"的魅力。

## 四、"活力英语"理念应用实践效果

经过两年多的实践研究,98%的学生对"活力英语"的英语课产生了浓厚的兴趣。所带班级的英语成绩逐步上升,大多数学生的英语成绩有了不同程度的提高。

### (一) 形成体现生命价值观的民主和谐的课堂氛围

以往的课堂教学主要强调教师如何去教,如何有效地去训练学生,而现在的课堂教学则将重点转到学生的学,他们在掌握了一定的学习技巧后,可以主动地进行学习。借助丰富多彩的形式,课堂不再沉闷,学生也以一种积极愉快的心态和自我意识进行学习。两年多下来,他们不再一味地依赖教师,小骨干也走上讲台,学生之间也少了拘谨,争先恐后地发表自己的看法,畅所欲言,相互启发,共同提高。它真正体现了学生是课堂的主人,学生真正成为课堂的主体、思考的主体。

### (二) 促成新型师生关系的形成

这样的教学培育了一种民主的、和谐的师生关系,教师退出了教学的中心位置,让学生在交流中学习,在比较中学习,在互动中学习,在体验中学习。教师亲切地引导学生,学生大胆地提出问题,学生不再认为教师说得都是对的,教师也不再把自己的观点强加给学生。"教师与学生之间的关系将更少地体现为教师教导无知的学生,而更多地体现为一群个体在探究过程中相互影响。"教师已成为学生的伙伴和向导,二者形成了相互探讨的教学关系。

### (三) 学生的综合素质得到明显的提高

1. 学生的兴趣得到进一步的满足,从而带动英语成绩提高。如 4 班的周同学基础很差,上课注意力不集中,但自从进行"活力英语"教学改革以来,大大激发了他的积极性,每一堂课上他都踊跃发言,老师肯定的赞赏和同学们佩服的目光给了他莫大的信心与鼓励,成绩也逐渐稳步上升。

2. 学生的阅读量得到了扩大,阅读面也得到了拓宽。不少学生现在谈及简单的国外童话故事时,不再害羞胆怯,反而胸有成竹,常常能用简单而流利的口语表述中外文化的差异。

3. 充分发挥了学生的创新思维,学生的积极性被充分调动起来。学生在宽松愉快的氛围中逐步掌握了新的思维方式与学习方式,他们能在老师的启发下,开动脑筋,有一个开头,就能想出五花八门的结尾,尽管有些稚嫩,但无不渗透着他们创作的灵感。

4. 培养了学生的集体主义和团队精神。英语课中的小组活动锻炼了学生的胆量,培养了学生的集体主义和团队精神,锤炼了学生战胜困难的意志。从前在家的"小皇帝""小公主",只懂得人人为我,经过长时间的交流碰撞,他们懂得了要把一件事做好,必须团结,大家一起出谋划策,集体的力量是非常强大的。

5. 促进了教师自身素质的提高。经过几年的探索,我终于感受到了实验带来的变化,课堂变成了师生"互动",而且学生的外语成绩也有不同程度的提高。在"活力英语"实验中,我曾为旧观念之顽固而苦恼过,也曾因改革之反复而困惑过,然而我相信，时代在前进，旧观念的坚冰必将被攻破，束缚学校、教师和学生的桎梏终将被解除。"问渠那得清如许，为有源头活水来"，学生在不断更新的"活水"中，快乐学习，主动成长，我也与他们一起感受着，进步着。"路漫漫其修远兮，吾将上下而求索。"我将沿着"活力英语"的改革之路继续走下去，让自己在专业知识、专业能力、专业自主、专业创新等方面不断地进步、完善和提高，迎接改革向我们提出的进一步挑战。

## 课程设计　活力英语

适合年级：初中各年级

### 一、 课程背景

新时代的英语教育给我们带来了前所未有的挑战，它要求英语教师需具有精深的专业知识、较强的语言表达能力和交际能力，具有较广博的世界人文地理知识，注重自身的礼仪修养。我走上工作岗位虽有十几年，但所有的教学也只是凭着平时积累的一点儿感性的认识在操作，过去的教学受"应试教育""升学教育"旧的观念影响以及教材束缚，因此我常常独自把持课堂，往往忽略学生积极性的调动，这既阻碍了教学改革的开展，也阻碍着素质教育的实施。人们常说："要给学生一杯水，自己必须要有一桶水。"但我认为，光有一桶水是远远不够的，学生需要的是源源不断的活水，这样才能启发学生保持不竭的活力，主动、健康地发展，于是我的"实用英语"应运而生。"实用英语"教学主张诞生于英语教育教育由"近代型"向"现代型"转换时期，其目的是培养新时期的英语学生。

## 二、 课程目标

1. 学生模拟生活中的各种人物、情景,在真情实感的角色扮演中进行口语交际,自由发挥,畅所欲言。

2. 学生根据一些简单的图片,进行口头描述。学会独立写作文,能简单描述人物和事件,并根据图画写出简短的说明或故事。

## 三、 课程内容

本课程共6讲。第1讲,介绍新的阅读软件《口语100》,介绍并当场演示。(1课时)第2讲,学生具体朗读秀。(1课时)第3讲,朗读及比赛。(2课时)第4讲,课堂实际提升。(2课时)第5讲,英语写作。(2课时)第6讲,影视赏析,如《假如给我三天光明》《傲慢与偏见》等,并在课后交流观后感并截取片段让孩子们进行配音练习。(3课时)

## 四、 课程实施

每周1课时,共计10课时,利用学校教室和多媒体教室,借助教材、新概念英语、典范英语、口语100软件等教学工具和手段,面向所有中学阶段有意向将英语提升一个台阶的学生,特别在口语部分。课堂以6人为一个单位进行活动比赛展示,总人数不超过36人。

### (一)启发讲授

为了让学生在课堂上真正地"活"起来,我将课文进行了重组。在课前,我利用口语软件,让孩子们对课文内容进行通读,并做到语音、语调模仿到位。然后全班讨论故事内容,我将讨论引导至合乎故事逻辑,使学生的思维得到了初步锻炼。对照自己的思考与故事情节的差异,小组讨论故事结束后,请学习成绩较好的学生总结,我再加以完善。待学生掌握故事的主要内容后,提出能够涵盖课文内容的几个问题,让学生小组互动后回答。

### (二)合作交流

以 4 人小组为单位活动,并设有组长、秘书、作家、演讲者。小组讨论的结果自然是五花八门的,我也发现学生们的想象力是如此令人惊叹。在听他们讨论的结果时,只要有一组能接近课文正确答案,我就可以将他们引向课文,这是学生们自己讨论的结果,不容易遗忘,而且学习时兴趣高,思维活跃,也很容易接受。这不但将学生的发散性思维和收敛性思维做了有效地结合,而且巧妙地将教材在现代化软件的帮助下进行了重组。

### 五、 课程评价

1. 对学生的评价分别从"课前准备、参与态度、知识掌握、技能应用、成果展示"五方面进行综合测评。考评分"平时考核"和"期末综合评定"两部分:平时考核内容为出勤情况、提问检测、作业情况、个体创作;期末综合评定内容为英语口语、英语写作、基础知识考核、专题创作等。

2. 考评按照自评、互评、指导教师评价相结合的原则进行,最后形成综合评定等级。其中,自评权重为 20%,互评权重为 30%,指导教师评价权重为 50%。

3. 学生评价等级分为优秀、良好、合格与待合格四级。80 分及以上为优秀,70—79 分为良好,60—69 分为合格,60 分以下为待合格。

(撰稿者:王晨怡)

## ┃ 巧数学 ┃
## 紧抓特质，巧学数学

### 课程主张

巧数学，就是将数学学科的学习变得通俗简单，让学生有兴趣学习数学，并且能轻松识记和掌握数学定理和方法。我们课堂教学的出发点和最终目标在于改变学生学习状态，实现学习效益最大化，让学生会学、学会，在课堂上享受成长的快乐。作为老师，在教学当中要特别关注的第一件事就是兴趣。

十三四岁学生对事物有好奇心，爱玩，喜欢轻松活泼的氛围，鉴于此，我遵循其认知心理发展规律，尝试着将相关的数学定理和方法用"顺口溜"的形式表现出来，让课堂教学适当轻松化、通俗化，这样既改变了传统数学学习乏味的形式，又能提高学生的学习兴趣，帮助学生快速地掌握定理和方法。根据各个定理、方法的特点，我将它们分为以下几类：

### 一、紧抓变化量，巧记变化法

课程标准中关于"数与运算""方程与代数"部分的要求是要"掌握运算法则和运算性质"，"能按照一定的规则和步骤进行计算"。而"数与代数式"等方面的有关计算，其关键点在某个或某些量的变化，我们的运算法则、判断方法等其实主要是在描述这些量的变化方法，因此要巧记这些法则、定理等，就要紧抓这些量的变

化特征,以下列举三例加以说明:

1. 分数计算巧用"子""母"

六年级第一学期中对分数的相关知识的学习尤其计算是一个重点内容,它是第二学期比例知识和七年级分式知识的基础。根据分数计算中的相关定理都是从分子、分母两方面的变化情况来说明的特点,我巧用分数中的"子"(分子)、"母"(分母)变和不变的特点将计算法则顺口溜化。具体计算法则的顺口溜化如下:

同分母分数加减法的法则:同分母分数相加减,把分子相加减,分母不变。

顺口溜:"同分母来加减,子变母不变。"

异分母分数加减法的法则:异分母分数相加减,先通分,然后按照同分母分数加减法的法则进行计算。

顺口溜:"异分母来加减,先化同来再计算。"

说明:"化同"指化为同分母。

分数乘法的计算法则:分数乘以分数,用分子相乘的积做分子,分母相乘的积做分母。

顺口溜:"分数乘法,子子乘来母母乘,先约分来再计算。"

说明:由于乘法过程中,先约分能够简化计算,提高正确率和速度,而这恰恰又是学生在学习初期易错的地方,同时这也是乘法计算中的一个基本方法,故在讲定理的同时带上计算的方法和注意点,既有利于学生对定理的识记和掌握,同时又有利于学生在计算过程中加强对易错点的注意,可谓一举两得。

分数除法的计算法则:甲数除以乙数(0 除外),等于甲数乘以乙数的倒数。

顺口溜:"分数除法,前不变来后翻身,除变乘来再计算。"

说明:很多学生在做除法时往往在把除号变乘号后却忘记将"乙数"求倒数,这里将"乙数"的倒数形象化为一个倒立的人,既形象地表现出了计算过程的变化点,又有益于学生对法则的识记和应用。

带分数的乘除法:通常在带分数的乘除法中,把带分数先化为假分数,再进行计算。

顺口溜："带分数乘除，化带为假，化除为乘，约分化简再计算。"

说明：这个顺口溜中讲到的是带分数乘除法计算中的一般步骤，既提到了计算方法，也强调了计算过程中的注意点，有利于学生快速掌握并有效地应用。

2. 近似数和有效数字的巧判断

有理数的学习中，许多相关的计算方法法则都可以像分数计算一样，根据其计算特点和注意点用顺口溜的形式表现出来，这里我只列举出对近似数和有效数字的判断方法。

在学习近似数的时候，我们常常会涉及判断一个数是精确到哪一位，有几个有效数字。这是学生的一个易错点，尤其是在数中出现 0 时。这就需要我们寻找判断一个数的精确位数和有效数字的快速有效方法。在教学过程中，我和学生共同思考观察，终于发现了两句能精确概括其方法的顺口溜。

精确位数的判断：如果一个近似数是用四舍五入法取得，那么取到哪一位就说这个近似数精确到哪一位。

顺口溜："末位原是在何处，即为精确到哪位。"

有效数字的判断：从左边第一个不是零的数字起，到精确到的数位止，所有的数字都叫作这个数的有效数字。

顺口溜："左非零起末位止，中间都是有效者。"

这两句比较像诗句，主要是针对数的位置规律来进行描述的。在判断精确位数中，对大于 10 的数字的判断对于一些学生来说是难点，因此这里我特别强调了一个"原"，提出是指在原来这个数中的位置。

3. 整式加减巧简化

对于习惯于具体数字的学习和应用的六年级学生，对字母的抽象认识水平还不够，因此在整式这一章，许多学生就学得云里雾里，其实这个方法和具体数字计算的方法是类似的，针对这些情况，我将一些解题方法简单化、顺口溜化，使学生易于掌握其基本方法,以下是其中的几例。

在讲求代数式的值时,我将解题的方法和易错的注意点用四句顺口溜连在一起,让学生在做题的同时读这四句顺口溜,使学生既能潜意识地按要求解题,又能特别注意中间的易错点,具体的这四句顺口溜是"化简计算分两步,对号入座不乱代,省略乘号要还原,两添括号两不变"。其中,"两添括号"指出现分数和负数两种情况时要记得添括号;"两不变"指原有的符号和数字不变。

另外,在讲到合并同类项和整式加减时,我和学生也尝试着用顺口溜的形式将其简单化。对于合并同类项的法则:合并同类项时,同类项的系数相加的结果作为合并后的系数,字母和字母的指数不变。我们将其简化顺口为:"系数加,两不变。"整式加减法的法则:几个整式相加减时,通常先把每一个整式用括号括起来,再用加减号连接,得到一个含有括号的多项式。按去括号的方法去掉括号,有同类项时合并,就可以得到它们的和差。我们将其简化顺口为:"一添括号加减连,二去括号来合并。"这里将整式加减的法则用两句话概括起来,既有其计算顺序,又将注意点用一、二来进行强调,这比我们传统的单纯反复强调的效果要好得多。

## 二、 确定量与量的关系,巧记推导式定理

我们有很多定理或变化方法,其结论与前提条件之间是推导式的关系,条件变化,结论也随之发生变化,因此要掌握此类定理,关键是抓住结论与条件的变化规律。

1. 几何定理抓要素。初一年级关于圆的性质的学习是大家公认的一个难点,性质多而复杂,而且涉及的专业名词也多,学生对众多的专业名词、已知条件和结论感到手足无措。为了让学生简便快捷地掌握这些性质定理,准确地进行应用,我带着学生仔细观察了主要的两大类性质,并通过寻找这两类性质的推导特点,

将这两大类的性质定理归纳成了两首顺口溜。

第一类性质：（1）在同圆或等圆中，如果圆心角相等，那么所对的劣弧（或优弧）相等，所对的弦相等，所对的弦的弦心距相等；（2）在同圆或等圆中，如果弧相等，那么所对的圆心角相等，所对的弦相等，弦的弦心距相等；（3）在同圆或等圆中，如果弦相等，那么所对的劣弧（或优弧）相等，所对的圆心角相等，所对的弦心距相等；（4）在同圆或等圆中，如果弦心距相等，那么所对的弦相等，弦所对的劣弧（或优弧）相等，所对的圆心角相等。这组性质定理中有四组数量，其推导特点是只要有一组数量相等，那么另外的三组数量也相等。根据这个特点，我把这组的定理归纳为："同或等圆，角弧弦距，四组数量，一推三。"由此将一组四条定理简化为四句话，并把其推导特点也用"一推三"表示出来了。

类似的，对于垂径定理及其推论的第二类性质：（1）如果圆的直径平分弦，那么这条直径平分这条弦，并且平分这条弦所对的弧；（2）如果圆的直径平分弦（这条弦不是直径），那么这条直径垂直这条弦，并且平分这条弦所对的弧；（3）如果圆的直径平分弧，那么这条直径垂直平分这条弧所对的弦；（4）如果一条直线是弦的垂直平分线，那么这条直线过圆心，并且平分这条弦所对的弧；（5）如果一条直线平分弦和它所对的一条弧，那么这条直线过圆心，并且垂直这条弦；（6）如果一条直线垂直于弦，并且平分弦所对的一条弧，那么这条直线过圆心，并且平分这条弦。根据这一条定理和五条推论中涉及的知识点及其推导特点，我编成的顺口溜是"一条直线，过心垂径，分弦分弧，二推二；过心分弦，弦非直径"。中间的两句表示这条直线的四个特点，"二推二"则表示推导方法：四个特点中有两个成立，则另外的两个也成立，其中最后一句是使用"过圆心、平分弦"这两个条件时要注意的条件——非直径弦。

2. 一次函数巧记特征。函数是我们初中数学学习中的一个重点内容，对正在学习的学生来说，也是一个难点，尤其是在学习新课阶段，对于函数的性质的掌握和理解让很多学生烦恼，因此在教学一次函数时，我引导学生注意观察此类函数的性质特征,并将其编成了一些顺口溜。

如对于函数的平移,尽管初二阶段主要是学习上下平移,但在后面的继续教学中还会出现左右平移,我在指导学生注意观察直线平移后发生变化的量,并归纳出了这样几句顺口溜:"上加下减,看 b;左加右减,看 x。"其中"b"在一次函数中指的是截距,"x"指的是自变量,这个平移的顺口溜不仅在一次函数中成立,在以后二次函数中同样能够成立,只要把"b"换成"k"就行了,等学生熟悉字母的意义后,可以直接就用字母表示含义:"上加下减,看截距;左加右减,看自变量。"而在平移过程中出现的两直线平行的条件也可以记为:"两直线平行,k 同 b 不同。"

在一次函数的性质的学习过程中,对函数图像的增减性和所经过的象限,常有学生混淆,对此,我也引导学生注意观察其特征。对函数图像的增减性,其主要作用是体现比例系数 k 的范围,有小部分学生学得比较死,"当 x 增大时"知道 y 的变化,但是题设改为"当 x 减小时",就不知道 y 该怎么办了,或者常常出错,因此我带领学生归纳出的顺口溜是"k>0, x、y 同向变;k<0, x、y 反向变"。对于函数图像经过的象限,由于 k、b 都起作用,并且情况多达四种,学生机械记忆是无法记住的,因此我指导学生首先回顾正、反比例函数的图像所经过的象限与 k 的关系,再将它们与一次函数图像所经过的象限进行比较,得到可以先由 k 决定两个象限,再由 b 决定第三个象限,因此根据它们各自决定的象限的特征,得出"一三二四成双对,k>0 在一三,k<0 二四定;b 以 x 轴来分界,大于在上小于在下,等于则从原点过"。第一句说的是 k 所决定的象限的特征,这也是学生在学习正、反比例函数时已有的知识基础,也是在判断函数图像与两个量之间的关系时首先要确定的。第二句说的是 b 所决定的象限的特点,由于它所确定的具体象限取决于 k 确定的象限,因此它只能放在判断函数图像所经过象限的第二步,但它确定的象限范围是可以确定的,当 b>0 时,经过的是一、二两个象限中的一个,而 b<0 时,则是三、四象限中的一个,因此以 x 轴为分界线。这段顺口溜对于已知函数解析式求图像经过的象限和已知经过的象限,求两个量的范围都可适用。

在教学过程中，这些顺口溜深受学生的欢迎，并引起了学生的兴趣，许多学生也自己动脑思考，在之后的学习过程中寻找定理和解题方法的特点并尝试着自己编成顺口溜，提高了学习兴趣和学习效率。

"新基础教育"强调数学对学生发展主动思维的价值，同时指出数学教学"可以提供学生认识事物数量、数形关系及转换的不同路径和独特的视野，使学生具有数学的眼光；可以提供学生发现事物数量、数形关系及转换的方法和思维的策略，使学生具有数学的头脑"。这种"顺口溜"的形式，其实是用口语的形式来引导学生关注"事物数量、数形关系及转换的方法和思维"，在数学学习中，这种形式其实是抓住了定理特征，以学生喜闻乐见的形式教授定理。定理可以这样进行学习，数学知识的知识结构、解题方法等其实都可如此学习。通过这种教学方式，也让我对我们平时的教学方式方法产生了更进一步的思考：如果我们平时肯对教学方式多一些思考和观察，多换一个角度来创新，是不是也能让我们枯燥的数学变得更加通俗易懂，更加丰富多彩，更加让学生乐于接受、主动钻研呢？

## 课程设计　魅力数学

适合年级：七年级及以上

### 一、课程背景

数学是学习现代科学技术必不可少的基础和工具，是基础教育的重要组成部分，通过数学思维训练，不仅能够使学生掌握渊博的数学知识，也能使那些数学尖子有发挥自己特长的用武之地，更重要的是可以训练他们的思维，增强分析问题和解决问题的能力,促使学生发展,形成健全人格,具有终身持续发展能力的力量源泉。开展教学思维训练活动,为学生扩大视野,拓宽知识,培养兴趣爱好,发展教学才能,提供了最佳的舞台。因此,要让学生了解数学,体会数学的魅力,发现数学处处来源于生活又应用于生活,数学规律处处贯穿于我们的生活中。同时,尊重学生个性发展与文化需求,充分开发利用生活中的教学资源,引导学生关注生活,学以致用,培养一种科学探究事物规律的精神。

## 二、 课程目标

1. 了解一些数学故事,认识一些趣味数学知识,初步体会数学魅力的历史之美。

2. 通过探索数学规律,体会数学魅力的规律之美。

3. 带着数学的眼光走进生活,认识数学与生活的关系,体会数学魅力的应用之美。

## 三、 课程内容

本课程共三部分。

第一部分:魅力数学——历史之美。(7课时)第1讲,数与形概念的产生;第2讲,《几何原本》古今谈;第3讲,贾宪三角;第4讲,无理数的由来;第5讲,$\pi$的发展简史;第6讲,勾股定理万花筒;第7讲,数学各分支的发展简史。

第二部分:魅力数学——规律之美。(7课时)第1讲,将一个分数拆为几个不同的单位分数之和;第2讲,对一类特殊分式的探究;第3讲,一组平方数规律的探究;第4讲,平行线被折线所截问题;第5讲,分割等腰三角形;第6讲,一组二次根式问题的探索;第7讲,用向量方法证明几何问题。

第三部分:魅力数学——应用之美。(7 课时)第 1 讲,最少需要切几刀;第 2 讲,平面镶嵌;第 3 讲,七巧板问题;第 4 讲,珍宝藏在哪里;第 5 讲,一种新的棋谱记法;第 6 讲,生活中的函数;第 7 讲,杨辉三角与路径问题。

## 四、 课程实施

每周 1 课时,共计 21 课时,可灵活调整。利用学校多媒体教室,借助自编教材、多媒体课件、音像资料等教学资源。主要针对对数学活动有兴趣的学生。

### (一) 启发讲授

课程启发学生发现巧算数学的方法,提高学生的学习兴趣,帮助学生快速地掌握定理和方法的学习。

### (二) 资料收集

学生课前收集生活实例,教师和学生一起对六、七、八年级书本中的数学实例进行归纳整理。

### (三) 圆桌讨论

课上学生以小组为单位,讨论解决问题的方案。促使学生从不知到知,实现从学会到会学的转化。

## 五、 课程评价

1. 对学生的评价分别从"课前准备、参与态度、知识掌握、技能应用、成果展示"五方面进行综合测评。考评分"平时考核"和"期末综合评定"两部分:平时考核内容为出勤情况、提问检测、作业情况、个体创作;期末综合评定内容为英语口语、英语写作、基础知识考核、专题创作等。

2. 考评按照自评、互评、指导教师评价相结合的原则进行,最后形成综合评定等级。其中,自评权重为 20%,互评权重为 30%,指导教师评价权重为 50%。

3. 学生评价等级分为优秀、良好、合格与待合格四级。80 分及以上为优秀,70—79 分为良好,60—69 分为合格,60 分以下为待合格。

（撰稿者：余春花）

# 第六章

## 关键学习素养： 学科课程的主体

　　学校把学生的学习作为学科课程设计的出发点和落脚点，通过聚焦"关键学习素养"，整合学科课程，让学生在学习过程中以轻松愉悦的心情参与，成为课程的主人。同时，教师作为学生发展的主导因素，要顺应时代要求，走出原来"左手教材、右手教参、学科本位、各自为战"的教学方式，由原来的课程执行者变成课程创设者。一句话，师生共同创造学科课程的美好图景。

学校对课程进行系统思考、顶层设计的方法，是由内而外的、自发的、生成式的，强调基于学校课程资源及原有课程进行课程校本化实施与全面整合，进而形成学校课程体系，优化学校课程结构，使学校课程各要素整体关联，凸显学校课程的整体性与结构性。经过优化组合、系统整合后的课程最终需要回归到校园生活中，回归到师生的教学和学习中，经过与师生的互动与反馈不断地调整更新，使学校课程在常态中常新，最终适应学校发展和师生的需求。

英国教育家斯宾塞说过："求智如果能给学生带来精神上的满足快乐，即使无人督促，也能自学不辍。"学生在与资源开发的对象性关系中，并非先天或自动地就具备主体地位，而是必须通过培养与发展主体性，具备积极主动开发和使用学习资源的意识、地位和能力，才有可能在与资源开发的对象性关系中占据主导地位，使课程成为自己的课程，成为开发自我的主人。"放权"给学生，给予其自由，真正地赋予学生在课程学习的主体地位，让学生由教学中对象性存在转变为主体性存在，这可以激起学生固有的创造热情，进而成为课程的生成与建构者。这种主体性不只是体现在学生在课程中话语权的增加，更体现在学生对课程的把握、创造和意义的生成上。

日本学者佐藤学在《课程与教师》一书中指出，学习不是授受知识技能的个人活动，而是个体参与知识技能所联结的共同体的实践，是文化共同体的形成与个体成长相辅相成的过程。[①] 师生都不是依附性和被动性对象，而是问题的探究者。二者建立"学习共同体"，并承担促进"共同体"共同学习、共同成长的责任，教师与学生的关系就超越了传统的"教师中心""学生中心"和"互为主客体"的"主客体二元论"思维，二者构成"主体—主体"或"主体—中介—主体"模式，成为"处于问题情境中的共同主体，具有主体间性的相互关系"[②]。

课程改革离不开师生的共同参与，学生是参与课程开发的一类待发展的个

---

① 佐腾学著. 钟启泉译. 课程与教师[M]. 北京：教育科学出版社，2003：253.
② 黄伟. 研究性学习课程：教师角色如何定位[J]. 全球教育展望，2002(4)：22.

体。他们的主动性、自主性都处于较低水平，他们对认识对象的认识、探究还有赖于教师的启发、引导。学生也不是一下子就进入学习状态，有一个逐渐适应的过程。课程开发过程就是培养和构建学生课程学习主体的过程，在师生相互作用的课堂开发中，教师是矛盾的主导，教师的角色就是要不断把矛盾的主导地位转到学生方面，即课程开发就是教师不断建构学生主体的过程。因此，学校长久以来注重队伍的建设，发掘教师巨大的课程能量，为教师的专业发展提供帮助；学校定期开展培训并且加强校本研修的力度；还注重培养教师的科研能力，打破教研组固有壁垒的限制，形成一个个"科研共同体"，为课程开发突破原本的学科限制提供专业师资的支撑。教师在集体参与或合作研究中相互学习，共享学科经验，也成长为专业发展的实践共同体。

建设程度较高的"文化探访"实验团队，关注德育与各个学科的全面整合；以生涯规划为课程开发主题的心理健康课程课程团队，致力于生涯指导与身心健康课程的整合；以 3D 技术为课程开发主题的科技创新课程团队，致力于 3D 技术与美术课程的整合。目前，教师年龄结构合理，师资力量良好：在编教师 136 人，其中高级教师 20 人、一级教师 76 人，有一批在市、区有一定影响的骨干教师。学校有区学科带头人 2 名，区骨干教师 6 名，市、区名师工作学、区学科中心组成员多名。

学校有近一半的教师具有开发课程的能力，一些比较成熟的课程已经有自己的校本课程，在市区也有一定的影响，一大批教师的校本课程在实施中不断完善，在实践中成长。在校本课程建设的过程中，教师的育人素质、理念、技能也得到充分的展示和十足发展。学校组成了课程建设的团队，为学校的课程建设提供保障。学校每学期都围绕主题开展课堂实践，涵盖学校各个学科。教师课程开发意识开始觉醒，教学行为走向自觉。师生的共同成长创造了学科课程的美好图景。

## ┃ 灵动英语 ┃
## 激活生机的源点

### 课程主张　自信爱英语

灵动,即有了灵气,活泼不呆板,富于变化,充满生机。灵动英语,就是通过激发学生的学习兴趣,让学生以生机勃勃的精神投入到日常的英语学习中,让老师的教学与学生的学习达到活化的程度,着力培养学生英语运用能力,使学生能够在日常生活中实实在在地运用英语。

基础教育阶段英语课程的任务是激发和培养学生学习英语的兴趣,使学生树立自信心,养成良好的学习习惯和形成有效的学习策略,发展自主学习的能力和合作精神,使学生掌握一定的英语基础知识和听、说、读、写技能,形成一定的综合语言运用能力,为他们终身学习和发展打下良好的基础。在多年的英语教学实践中,我发现很多学生学习英语只是为了应付考试,未能明确认识到英语作为一门实用语言的意义,缺乏科学的学习方法,仅仅死记硬背课文和单词,有相当多的学生甚至不会拼读生词,不能很好地掌握记忆的规律,学生在记忆的过程当中,只是简单机械地学习背诵。课堂上也仅仅是听老师讲,记笔记,没有开口模仿训练的欲望,不愿参与英语学习活动,因此一到运用时,思维就被局限了,实际交流时,变成聋哑英语,导致越学越吃力,渐渐产生心理负担,甚至害怕学习英语。其实作为一门需要厚积薄发的语言类学科,英语教学最关键的就是让学生爱上英语,让学生觉得原来英语学习也可以这样灵动,这样有成就感,从而激发他们课后主动寻求学习和运用英语的各种途径，时刻保持在英语学习的状态。为保持学生英语学习的浓厚兴趣，培养学生综合语言运用能力，在日常的教学中我也在努力尝试。

## 一、 注重朗读指导，扬起灵动之帆

美国著名的语言学家奈达曾经说过："学习英语要泡在'听'和'说'里面，如果想在语言搭配等方面建立可靠的语感，就要毫无选择地对成千上万的词句反复听，反复说，没有别的办法可以替代的。"这里的"说"英语除了指在课堂上进行表达之外，还有一个"说"，就是朗读。朗读可以算是"准口语"，是口语表达的前提，它既是读，又是听，也是讲。朗读是初中学习的重要方法，通过反复朗读可以形成良好的发音和语调，克服说话不流畅、发音不准等毛病，流畅的朗读有助于培养语感，提高口语表达能力。

在课堂教学中，教师要加强对学生的朗读指导。第一，要鼓励学生大声朗读，帮助学生克服紧张、自卑心理，从而增强他们的自信心，使他们主动参与各种形式的课堂交流。第二，要进行模仿朗读，神经语言学研究表明，无论什么年龄开始学外语，都要经历与小孩牙牙学语相似的阶段，多模仿，可以帮助学生纠正错误的发音，在不知不觉中形成正确的语音语调。在课堂教学中，我注重学生的朗读训练，给予学生机会进行朗读，新授课中让学生听录音跟读课文，模仿语音语调。第三，教师要加强对学生朗读技巧的指导，朗读技巧训练是至关重要的。学校开展"语感阅读"的课题研究，学生每星期有一节语感阅读课，学生有一整套阅读材料，在这节课上，老师以多样的方式讲解阅读内容。我把学生的阅读材料又当作朗读资源，运用到每天的英语课上，在每节课开始，我会抽 5 分钟的时间安排学生进行朗读反馈，要求学生选取自己喜欢的一段内容，每天有两位学生进行朗读，然后再对学生的朗读进行分析评价，讲解一些朗读技巧，诸如连读、爆破等，学生非常重视这个环节,课前积极准备,请教同学,请教老师,经过一段时间的实践,我发现学生开始重视朗读了,语音语调也有很大改善,朗读起来很少读错、更加流利,对英语课上的各种朗读也提高了兴趣。不仅如此,学生对待英语学习的自信心也有了很大的提高,上课氛围变得更加活跃,教学效率也有提高。

## 二、 引入自然拼读,谱写灵动之曲

在日常教学中,我们发现随着时间的推移,学生开始感到英语难学,"哑巴英语"和两极分化现象开始出现。我们的"投入"和"产出"开始失衡,学生不会读的单词越来越多,对英语学习的兴趣也骤然下降。日积月累,不会认词、读词成为他们学习英语最大的障碍。如何帮助初中生做到"见词能读,听音能写",激发他们英语学习的兴趣? 我觉得"phonics 自然拼读"英语教学法是一种较为智慧,效果较好的教学与学习方法。

phonics 自然拼读,简单说就是引导学生学会按字母和字母组合的发音规律直接拼读、拼写单词。目前在国内的幼儿英语教育中,大部分幼教会采用自然拼读法来教单词的发音。在对学生进行"知其然,知其所以然"的整体语音教学的过程中,培养学生"见词能读,听音能写"的能力。自然拼读法可以应用在幼儿和小学英语教学中,我觉得也肯定可以应用在初中阶段。教学实践研究发现,自然拼读法是任何年龄的学生学习单词最快、最简单、最有效的方法。在幼儿和小学英语教育中使用自然拼读法,是从感性的角度让孩子们从小产生语感,而最终目的是让他们将来从理性的角度上认识到英语中音与形的关系,促进英语的学习。而中学生不管是从心理还是生理,都足以理性地利用自然拼读法去记忆单词的拼写。

引入自然拼读法后,学生能真正"见词能读,听音能写",从而获得英语学习的成就感,学生对英语学习从"要我学英语"转为"我要学英语"。学生在很快提高了单词的拼读能力之后,对英语朗读的兴趣也随之增强,学生之后的英语学习障碍就迎刃而解了,学生学习的自主性大大提升。

### 三、 丰富教学形式，唱响灵动之音

1. 开展小组合作探究学习

小组合作学习,能增加同学间语言交流的时间、机会,又有利于增强学生的自信心,培养协作精神,迈出自主学习的第一步,还能扩大课堂单位时间的利用率、有效率。学习策略最终是为提高学生个体学习效率的,教师应该把课堂变为学生的学堂,充分发挥学生的主体作用,调动学生的学习积极性,开发学生的学习潜能,承认学生的个体差异,关注每一位学生的成长,培养学生综合运用语言的能力和终身学习的能力。

"授人以鱼,不如授人以渔。"学生只有养成了自主学习的习惯,才能在英语学习中掌握更多的知识,从而为将来的学习提供有利的条件。笔者曾以问卷形式进行过"对初中生所喜欢的英语课堂活动的调查",课堂小组活动方式是学生最喜欢的课堂活动方式之一。初中生具有爱说、好动、爱模仿、爱表演等特点。在小组活动中,课堂上气氛十分活跃,真正拓宽了学生的思路。学生们想在课堂上有好的表现,他们在课前、课后就有兴致去积极准备,互相对话,大大激发学习英语的兴趣。学生之间合作,能减轻负担,提高学习效率,合作过程也是自主学习能力的体现,让学生终身受益。

在《美食节》一课的教学中,在 hold a food festival(举办美食节)环节中,我设计了小组活动。(1)讨论在一次美食节中要做哪些事情? 组长负责记录和带领小组成员讨论在食品中要做的事情,讨论完以后,班级集中展示讨论结果。答案是开放性的,在小组畅谈过程中,出现很多很好的答案,如 provide food and drinks from all over the world(提供世界各地的食物和饮料),borrow the cook costumes

(借厨师服装),invite pop stars to come(邀请明星参加),sell tickets(卖票),make the poster(制作海报)等等。(2)学生扮演各国的厨师和品尝美食的顾客,自主操练句型,可发挥想象。学生在讨论和表演中极大地发挥了想象力和创造力,丰富了词汇知识并激发了参与下一个活动的激情。讨论活动气氛热烈,学生学习积极性高涨,大家各司其职,都有精彩的表现,这也让我看到学生们的智慧和创造力。

2. 创设真实语言情景

语言学家克鲁姆说过:"成功的外语课堂教学应该是创造更多的情景,让学生有机会用自己学到的语言材料。"学生的英语学习活动是一种情景化的互动活动,设计多元化的情景能使学生彼此的心灵进行对话。创设真实的情景,可使英语融入到学生的生活,让学生真正地用外语交流,因此在我的课堂上,我会根据教学内容,为学生创设接近生活且是他们感兴趣的情景,让学生受到真实情景的感染,真正地用英语进行表达。如在教授《牛津英语》中"Shopping with Mum"这一课中,我让学生从家里带来一些服饰和鞋子等,如牛仔裤、腰带等,把教室当成商店,让学生成为营业员和顾客,在这样的情景之下,学生自然而然有了表达的兴趣,学生之间积极配合,俨然是真正的营业员和顾客,学生乐在其中。当然,学生的表现也是可圈可点的,有几组同学还自发地拓展了课文中没有的顾客进入商店和如何打折、还价、付款的口语交流,丝毫没有被约束。通过创设情景,老师高效地完成了教学任务,学生掌握了新知。

灵动英语,不盲目求成,不急功近利,它是一种追求生气、活力的教学艺术,遵循语言学习的规律、青少年特有的心理特征,在每天真实的课堂中等待学生的厚积薄发,让学生们真正爱上英语学习。

## 课程设计　灵动英语

### 一、 课程背景

在日常的教学工作中,很多学生学习英语只是为了应付考试,未能明确认识到英语作为一门实用语言的意义,缺乏科学的学习方法,仅仅死记硬背课文和单词,甚至有相当多的学生不会拼读生词,不能很好地掌握记忆的规律,只是简单机械地学习背诵。课堂上也仅仅是听老师讲,记笔记,没有开口模仿训练的欲望,不愿参与英语学习活动,因此一到运用时,就产生畏难情绪,实际交流时,变成聋哑英语,这导致学生越学越吃力,渐渐产生心理负担,甚至害怕学习英语。英语,作为一门厚积薄发的语言类学科,最关键的就是让学生爱上英语,让学生觉得原来英语学习也可以这样灵动,这样有成就感,从而激发他们课后主动寻求学习和运用英语的各种途径,时刻保持在英语学习的状态。通过激发学生的学习兴趣,让学生以生机勃勃的精神投入到日常的英语学习中,让老师的教学与学生的学习达到活化的程度,着力培养学生英语运用能力,使学生能够在日常生活中实实在在地运用英语。这便是"灵动英语"的核心理念。

### 二、 课程目标

1. 乐于学习英语,拥有良好的语音、语调、语感。

2. 通过参与听、说、读、写、唱、演、背等多种形式的学习活动,发展综合语言应用能力,提高英语综合素质。

### 三、 课程内容

本课程共 8 讲,具体内容如下:

第 1 讲:自然拼读学习及比赛。(3 课时)具体内容包括:讲解自然拼读的基本规律,掌握字母和字母组合的发音规律并直接拼读、拼写单词,做到见词能读,听音能写。

第 2 讲:歌曲学习与练习。(2 课时)具体内容包括:欣赏或演唱歌曲,以营造英语学习氛围,用反复欣赏、略讲主要词义、逐步跟唱的形式进行。

第 3 讲:朗读学习比赛。(2 课时)

第 4 讲:基础情景交际。(2 课时)具体内容涉及日常交际用语,紧密联系学生生活,包括衣、食、住、行、游、购等各个方面,内容由易到难。

第 5 讲:英语故事剧表演。(2 课时)

第 6 讲:演讲比赛。(2 课时)

第 7 讲:《典范英语》阅读。(4 课时)精心选择《典范英语》的精彩故事进行阅读。

第 8 讲:小组辩论赛。(1 课时)

### 四、 课程实施

每周 1 课时,共计 16 课时。在英语社团教室和多媒体教室进行。借助自编教材、《典范英语》、互联网平台、多媒体课件等教学工具和手段。适用对象:对英语活动有兴趣的学生,一共招收 25 人。

#### (一) 启发讲授

鼓励学生大声朗读,帮助学生克服紧张、自卑心理,从而增强他们的自信心。

进行朗读模仿,多模仿,可以帮助学生纠正错误的发音,在不知不觉中形成正确的语音语调。加强对学生朗读技巧的指导。

### (二) 表演访谈

在学生反复观看原版英语故事和情景剧的基础之上,教师略讲重点词句,学生朗读操练、复述故事,再模仿表演,最后鼓励学生自由组合,进行创造性的课本剧表演。

### (三) 演讲展示

综合教材内容和生活实际,由老师确定题目,或由学生自定题目,学生自己准备材料,老师加以指导,让学生上台演讲。

### (四) 小组竞赛

把学生分成若干小组,就日常生活中的话题,让他们进行辩论,各抒己见,用英语充分表达自己的观点和理由,培养学生临场发挥的思维与能力。

## 五、 课程评价

1. 对学生的评价分别从"课前准备、参与态度、知识掌握、技能应用、成果展示"五方面进行综合测评。考评分"平时考核"和"期末综合评定"两部分:平时考核内容为出勤情况、课堂参与、作业情况、个体创作、小组呈现;期末综合评定内容为英语口语、英语写作等。

2. 考评按照自评、互评、指导教师评价相结合的原则进行,最后形成综合评定等级。其中,自评权重为 30％,互评权重为 30％,指导教师评价权重为 40％。

3. 学生评价等级分为优秀、良好、合格与待合格四级。80 分及以上为优秀,70—79 分为良好,60—69 分为合格,60 分以下为待合格。

（撰稿者：沈连丽）

# 灵性音乐
## 未成曲调先有情

---

### 课程主张 唤发情感的音乐课堂

---

灵性音乐课堂，是充满"人性"和"灵性"的音乐课堂。童声合唱团，是促进孩子发展、丰富儿童文化生活的一种艺术形式，是素质教育的一个很好的载体，对于学生的健康成长有着积极的作用。课堂合唱训练比较注重：激趣引声，以声传情；多元赏析，以情带声；声情并茂，以美育人。

童声合唱是一门充满"人性"和"灵性"的艺术。"人性"体现在一个"真"字，真情、真诚、真实，合唱艺术的和谐之美就是来源于真情的歌唱、真诚的合作和真实的表现。而"灵性"则是艺术形象的"灵感"和"灵气"在歌唱中的捕捉和展现，充分挖掘"形象思维"的功能，使其整个演唱达到声情并茂的境界。当然，合唱艺术不是一蹴而就、一朝一夕的事情，对参加合唱艺术活动的每个孩子来说，它是一个逐步认识自我和完善自我的过程。同时，童声合唱是促进孩子发展、丰富儿童文化生活的一种艺术形式，是素质教育的一个很好的载体，对学生的健康成长有着积极的作用。

## 一、激趣引声，以声传情

### （一）创设宽松自由的教学环境

美国教育家罗杰斯说过："要使学生整个人沉浸于学习之中——躯体的、情绪的和心智的。"因此,在合唱排练中,有意营造一个相对宽松、自由的教学环境,能让队员身心放松、精神集中、思维活跃、心安自由。

合唱的训练,不一定从练声开始,可以灵活地运用别的手段。特别是像我们基层学校的合唱团,孩子们没经过专业的声音训练,再加上学业紧张,一上来就进行练声,只会事倍功半,所以我通常从热身运动开始,如我让他们模仿我做几个双手上举打哈欠的动作,然后把双手上举动作加快,随之一声声有力的"嗨"声喊了出来,孩子们精神振奋,注意力集中,还在不知不觉中练了"喊嗓",让声音明亮结实。其次还可以做模仿练习,我带头示范节奏、动作或旋律,让队员开火车接龙,有时模仿走了样的会引起全体队员的哄堂大笑,但他们会因此更加认真练习。再次就是我会让同学们在课前演唱他们喜欢的歌曲,每次孩子们都非常投入地演唱,积极性很高。这些训练前的活动,是为了调动歌唱时一切有关器官、状态、肌肉的灵活性,以便更好地歌唱。而这些丰富多彩的起始活动,能给队员带来无穷的乐趣,营造了一个宽松、融洽、活跃的氛围,有助于其轻松排练,寻找自然逼真、优美动听的声音,传递真情实感。

## (二) 设计多样有趣的训练方法

### 1. 以示范"趣学"

在排练歌曲中情绪的引导颇为重要,因为唱歌若只是按乐谱唱歌词,而不把歌曲的内涵、情感表达出来,听者会觉得枯燥乏味,没有艺术美感而言。如果老师运用幽默风趣的语言、生动有趣的表演,那么便能使孩子们轻松自如的集中注意力,迅速调动队员的情绪。如在《当我们小的时候》一歌中,我用风趣幽默的语言给孩子们讲述了一个童年趣事,然后闭起双眼给孩子们范唱了第一乐段,同学们聚精会神地聆听着我的歌声,不禁沉浸在甜美的回忆中,从我的故事声和范唱声中他们领会了歌曲的情绪,很快就进入歌唱状态,演唱自然到位。这样的教学,孩子觉得有趣,学得有味,自然也能从中获得美好的声音和真实的情感。

2. 以律动"趣学"

音乐律动教学是根据音乐情绪的起伏做有规律的韵律动作,以身体各部位的动态来感受音乐、理解音乐、表现音乐,从而达到提高学习音乐的兴趣和培养音乐素质的目的。对于初中生来讲,做大幅度的律动动作常会感到不好意思。那么我们在歌曲演唱时,可以设计一些简单的动作。比如,要让学生感受音乐的节拍、速度或某些典型节奏时,最简单的方法就是让学生拍手或跺脚。要让学生感知音乐中一些细微的、特殊的变化时,如旋律中的一些装饰音、变化音等等,我们可以让学生自己设计一些手部小律动,如转手腕、用手指画圈等来表现。在教学中,我们不可小看这些手部小律动,在学生跟着音乐用手部动作表现律动时,他们是非常用心地在聆听音乐的,这是感受音乐、理解音乐最重要的前提。在教授《少年自然科学者进行曲》一歌时,我让孩子们用步伐节奏为歌曲伴奏,在律动中把握歌曲的强弱规律和进行速度。当教师和学生一起在音乐声中快乐地律动时,原本很难表述的音乐理论知识的教学问题就迎刃而解了,同时学生也能放松身心,这样唱出的歌声自然而动听,一举两得。

## 二、多元赏析，以情带声

《乐记》写道:"凡音者也,情动于中,故形于声。"这说明音乐的产生与人们的情感有着天然的、必然的联系。作为音乐艺术中的一种重要形式,声乐以歌声为主要手段,将人们的内心情感体验和精神世界都淋漓尽致地表达出来。声乐艺术的最大特点就是歌唱者在娴熟地处理声音,通过清晰的语言,将人物的内心情感体验淋漓尽致地抒发出来。因此,以情带声在合唱排练中更为重要,要让学生理解乐曲所要表达的情感并做到声情并茂地演唱。

### （一）视听模仿法

在合唱排练中适当地、有目的地安排一些合唱作品欣赏能给学生美的熏陶，让他们对合唱有更多的感悟，提高他们对合唱的理解力和感受力。在此基础上让学生进行模唱，听着音响轻轻地"唱"出各声部，但要始终注意倾听，让自己的演唱自然地融入其中。在《山童》一歌中，为了让学生体会歌曲风趣而又充满生活气息的特点，我让学生闭上眼睛聆听专业合唱团体的演唱。那色彩亮丽、和谐统一的音色，立刻引起了学生的共鸣，帮助学生找到了"风趣、俏皮、乐观、活泼、可爱"的感觉，为其更好地表现乐曲情感提供了帮助。

再如，运用多媒体，组织学生观看合唱比赛的视频。视频中合唱队队员各个表现力夸张，表情投入，学生们兴奋不已，以前不敢表演的心理包袱一下子就被抛开了。同时，也真正体会到只有投入情感去演唱，才能增强歌曲的表现力。在演唱《山童》时，学生们神情投入，由此可见这一方法的有效性。

### （二）对比讨论法

音乐教育的魅力是让学生在学习音乐的过程中认识美、接受美，以美引善、以美导真。而"比较法"是较为显著、直观、科学、有效的教学方式。音乐教学（歌唱教学、欣赏教学、编创教学）中运用比较法可引导、辅助学生用心去感受音乐、认知音乐、了解音乐、表达音乐、展现音乐，进而显著提升其对音乐艺术的审美、评价与鉴赏能力，充分激发学生丰富的想象力与敏锐的洞察力，最终实现愉悦心智、激发情感的目标。在排练中，我用摄像机把演唱的过程录下来，然后让学生们一起观看，讨论演唱中有哪些表现好的，以及不足之处，并把几次演唱的录像和专业团队的演唱进行对比，找出演唱中的优点与不足，再进行针对性的指导。这样的形式和方法，使学生们能更加直接地发现自己演唱中的问题。学生们畅所欲言，积极自评、互评，找到自身的优点与不足，然后加以保持与改正，收效甚好。

### （三）教师肢体引导法

为了进一步提高学生演唱的表现力,特别是纠正个别学生演唱中不看指挥的不良习惯,让其集中注意力投入演唱,在排练时,我会运用略带夸张的肢体动作进行引导,激发学生兴趣,比如丰富的脸部表情、大幅度的指挥动作、身体的律动等等。经过多次排练后,与学生形成了默契,有效地起到了引导作用,带动学生投入演唱,做到声情并茂,同时使学生养成了在演唱中看指挥的好习惯。

## 三、 声情并茂,以美育人

"美的教育"的含义就是将美的教育活动渗透到学校教育教学的各个环节,以美的语言教导人,以美的行为感悟人,以美的环境陶冶人,以美的画面情境及美的上课艺术激发人,全面提高学生道德、文化、艺术等修养,并以此迁移到学生的一切生活环境中。它让学生的情感得到陶冶,思想得到净化,品格得到完善,从而使身心得到和谐发展,精神境界得到升华,自身得到美化,最终提升人的精神境界。

音乐是对青少年思想教育的自律工具,也是实现德育功能的重要途径。音乐作品的艺术性和思想性融为一体,隐性的德育教育因素潜移默化地相互渗透。在合唱排练中,因团队由多人组成,相互间的协同配合很重要,不但要求大家唱整齐,而且必须齐心协力才能表现出好作品,在整齐的基础上特别强调,多声部的唱不仅声部要整齐和谐,方方面面都要协调配合,才能把艺术性很强的音乐作品声情并茂地表现出来。在此基础上,教师因势利导,对学生进行集体主义教育。"以美育人"在这里所产生的效果,是最直接、最有说服力的。由此不难看出,集体主义意识在合唱音乐活动中是何等重要。相互配合协调这种显性意识正是我们学校德育教育中的重要内容。以美悦情、以美启智、以美育人在这特定的环境下得以淋漓尽致地展示。

总之,童声合唱是一门丰富多彩的艺术,有着广博精深的学问,需要我们去不断地学习、探索、研究。在童声合唱教学工作中，对待学生，既要有耐心，又要细心，要为学生创造一种更完美、更和谐的合唱氛围。只有坚持不懈地认真开展合唱训练，提高学生的合唱水平，我们的童声合唱教学才能起到启迪少年儿童的智慧，陶冶他们的情操的作用。他们的身心才能得到健康发展，我们的合唱事业才能得到日益发展！

## 课程设计　童声合唱

适合年级：六、七年级

### 一、课程背景

童声合唱是音乐艺术中非常重要的一种形式，它有着极其丰富的艺术表现力和感染力，是对孩子们进行审美教育的一种极为重要而富有成效的手段，有利于培养孩子们喜爱音乐，提高对音乐的鉴赏能力，激发、振奋孩子们的乐观精神，丰富其形象思维能力，促进其智商的发展，保持拥有纯真、向上的良好歌唱状态，培养和造就孩子们高尚的道德情操和牢固的集体主义思想。

### 二、课程目标

1. 掌握正确的歌唱呼吸与科学的发声方法，做到以声传情、以情带声、声情并茂，体验到童声合唱的艺术与趣味。
2. 经过合唱训练，形成高尚的道德情操和牢固的集体主义思想观念。

## 三、 课程内容

每周 1 课时,共计 16 课时。包括:童声合唱的训练、合唱的声音训练、合唱的音准训练、合唱的协调训练、合唱的对比训练、合唱的咬字吐字训练。训练曲目包括中外童声合唱曲经典曲目:《当我们小的时候》《我们和你们》《春笋》《送别》《蓝色多瑙河》《孤独的牧羊人》《啊! 迷人的维尔姆兰大地》等。

## 四、 课程实施

利用学校音乐专用教室,综合使用自编教材、互联网平台、多媒体课件、音像资料等教学工具和手段,适用于对合唱有兴趣的学生以及对音准、节奏、乐感等有一定基础的学生。

### (一) 欣赏指导

学生在教师的引导下,通过赏析一些经典的合唱曲目,主动体验、发现、探索合唱的艺术与趣味、歌唱的技巧,以及认识异国文化。

### (二) 合作学习

童声合唱要求做到集体的声音和谐统一、融于一体,最终能达到“合”的境界。因此,生生之间的合作学习在合唱教学中就显得尤为重要。

## 五、 课程评价

以表现性评价为主,采用学生自评、互评、教师评价、社会评价等相结合的方式，以"优秀、良好、中等、需努力"四种等级形式表现。


（撰稿者：浦莺）

# 后记

　　本书旨在探索学校课程的品质提升和结构优化。研究聚焦"1＋X"学科课程群的构建，是在遵循国家课程校本实施的原则与取向的基础上，结合区域教育的发展需求，具象为学校育人愿景，并加以系统布局、精准规划而制定的课程序列。针对学校的教育理念、宗旨与办学发展方向，研究制定培养目标、教学内容、执行项目的具体规划与操作落实方略。本书所呈现的研究成果先后荣获上海市闵行区教育科研"优秀课题"、闵行区第二十二届教育科研一等奖。

　　全书共分六个章节：第一章立足学校独特的文化，探讨学科课程育人新旨趣；第二章明晰学科课程新愿景，创造适合每一个学生发展的教育；第三章基于"五育并举"的要求，提炼出学科课程的核心要素；第四章构建多样化的课程内容与课程实施途径，设计出"1＋X"学科课程群；第五章介绍学校在综合实践与跨学科融合的实践中，形成的"1＋X"学科课程群集结与建设的校本课程图谱；第六章呈现出课程变革取得的成效和社会效应。本书在每一个章节后还分享了学校教师的课程实践个案。

　　通过聚焦学生在学习中涉及根本的、真正反映成长的关键学习力与相关内在品质，来规划与设计具有对应功能的课程方案。联系学校多年以来的教育教学实践，通过长期积淀与提炼、反复筛选并发现的"以不同课程间的相应知识学习的联动，促成认知与建构能力的发展；以多元融合的活动，助推学生对科目的兴趣与探索能力的提升"等学科融合育人与开展综合实践活动的规律。并由此形成了基本研究假设：以课题群落为架构，形成多元支持、多向策应、多方聚力的融合驱动。在资源融合、途径开拓与情境范式多样化的学校课程实践探索中，发挥校本运作的既有优势与纵深潜力。以研究的姿态，从学校的课程架构入手，以丰富的社团、集会、探访的形式,通过构建多样化的课程内容与课程实施途径,创设多种形态的学习情境,提供纵深体验的学习经历。探索以"1 + X"的课程结构样态,为学生提供自主选择课程、自主体验课程的学习环境,衔接、贯通学习的渠道与路径,使课程学习的体验过程变得轻松、自由和愉悦。目前,落实"1 + X"课程群理念,推进"1 + X"课程群的建构,已经成为全校师生的共同愿景。

本书理实结合、深入浅出,形成了一套科学化、可操作的课程整合的操作落实方略,撬动了课程实施与教学方式的变革,改变了学校教育教学的生态。研究表明,学生借助相关课程的序列设置,在兴趣、探究、自主、分享等教学活动中,对快乐地学习、在丰富的经历中成长有了深切的体验。研究的成效之一,也反映在学生对学习的自我认同方面。他们通过这样的学习赢得了自由学习的权力,收获了学习上的自信,挖掘了自能发展的潜力,他们看到了自己在学校生活中的价值所在,也获得了健康成长的正能量。

上海市七宝第二中学校长

郭纪标

2020 年 11 月 2 日

| | | | |
|---|---|---|---|
| 课堂教学的 30 个微技术 | 978 - 7 - 5760 - 1043 - 5 | 52.00 | 2020 年 12 月 |
| 教学诠释学 | 978 - 7 - 5760 - 0394 - 9 | 42.00 | 2020 年 9 月 |
| 原点教学：提升区域育人质量的策略研究 | | | |
| | 978 - 7 - 5760 - 0212 - 6 | 56.00 | 2020 年 8 月 |

## 学校课程发展丛书

| | | | |
|---|---|---|---|
| 数学学科课程群 | 978 - 7 - 5675 - 9445 - 6 | 58.00 | 2019 年 8 月 |
| 科学学科课程群 | 978 - 7 - 5675 - 9593 - 4 | 34.00 | 2019 年 9 月 |
| 核心素养与课程设计 | 978 - 7 - 5675 - 9462 - 3 | 46.00 | 2019 年 9 月 |
| 语文学科课程群 | 978 - 7 - 5675 - 9441 - 8 | 56.00 | 2019 年 9 月 |
| 品牌培育与学校课程 | 978 - 7 - 5675 - 9372 - 5 | 39.00 | 2019 年 9 月 |
| 英语学科课程群 | 978 - 7 - 5675 - 9575 - 0 | 39.00 | 2019 年 10 月 |
| 体艺学科课程群 | 978 - 7 - 5675 - 9594 - 1 | 34.00 | 2019 年 10 月 |
| 跨学科课程的 20 个创意设计 | 978 - 7 - 5675 - 9576 - 7 | 34.00 | 2019 年 10 月 |
| 学校课程与文化变革 | 978 - 7 - 5675 - 9343 - 5 | 52.00 | 2019 年 10 月 |

## 品质课程实验研究丛书

| | | | |
|---|---|---|---|
| 学校课程框架的建构：HOME 课程的旨趣与架构 | | | |
| | 978 - 7 - 5675 - 9167 - 7 | 36.00 | 2019 年 9 月 |
| 聚焦育人目标的课程设计：红棉花季课程的愿景与追求 | | | |
| | 978 - 7 - 5675 - 9233 - 9 | 39.00 | 2019 年 10 月 |
| 核心素养导向的课程设计：花园式课程的文化与聚焦 | | | |
| | 978 - 7 - 5675 - 9037 - 3 | 48.00 | 2019 年 10 月 |
| 学校课程文化的实践脉络：百步梯课程的逻辑与架构 | | | |

|  | 978 - 7 - 5675 - 9140 - 0 | 48.00 | 2019 年 11 月 |
| 学校课程发展策略:SMILE 课程的逻辑与深度 | | | |
|  | 978 - 7 - 5675 - 9302 - 2 | 46.00 | 2019 年 12 月 |
| 聚焦内涵发展的课程探究:芳香式课程的理念与实施 | | | |
|  | 978 - 7 - 5675 - 9509 - 5 | 48.00 | 2020 年 1 月 |
| 以儿童为中心的课程:欢乐谷课程的旨趣与维度 | | | |
|  | 978 - 7 - 5675 - 9489 - 0 | 45.00 | 2020 年 1 月 |
| 学校课程体系的建构:"小螺号课程"的架构与创生 | | | |
|  | 978 - 7 - 5760 - 0445 - 8 | 45.00 | 2020 年 9 月 |
| 聚焦儿童发展的课程范式:暖记忆课程的理念与实施 | | | |
|  | 978 - 7 - 5760 - 0580 - 6 | 38.00 | 2021 年 3 月 |

## 特色学校聚焦丛书

| 不一样的生命,一样的精彩 | 978 - 7 - 5675 - 8675 - 8 | 34.00 | 2019 年 3 月 |
| 童味正醇:特色学校的文化图谱 | 978 - 7 - 5675 - 8944 - 5 | 39.00 | 2019 年 8 月 |
| 特色普通高中课程建设探索 | 978 - 7 - 5675 - 9574 - 3 | 34.00 | 2019 年 10 月 |
| 儿童是天生的探索者:360°科学启蒙教育 | | | |
|  | 978 - 7 - 5675 - 9273 - 5 | 36.00 | 2020 年 2 月 |
| 做精神灿烂的教师:教师自我成长的 5 个密码 | | | |
|  | 978 - 7 - 5760 - 0367 - 3 | 34.00 | 2020 年 7 月 |
| 让教育温暖而芬芳 | 978 - 7 - 5760 - 0537 - 0 | 36.00 | 2020 年 9 月 |
| 快乐教育与内涵生长 | 978 - 7 - 5760 - 0517 - 2 | 46.00 | 2020 年 12 月 |
| 故事教育与儿童发展 | 978 - 7 - 5760 - 0671 - 1 | 39.00 | 2021 年 1 月 |
| 美好教育:学校内涵发展的循证研究 | | | |
|  | 978 - 7 - 5760 - 0866 - 1 | 34.00 | 2021 年 3 月 |
| 把美好种进儿童心田 | 978 - 7 - 5760 - 0535 - 6 | 36.00 | 2021 年 3 月 |

## 跨学科课程丛书

大情境课程：主题设计与创意评价

              978 - 7 - 5760 - 0210 - 2     44.00     2020 年 5 月

社会参与素养的培育模型与干预机制

              978 - 7 - 5760 - 0211 - 9     36.00     2020 年 5 月

大概念课程：幼儿园特色主题活动设计

              978 - 7 - 5760 - 0656 - 8     52.00     2020 年 8 月

## 核心素养导向的课堂教学丛书

漾着诗性智慧的课堂教学     978 - 7 - 5675 - 9308 - 4     39.00     2019 年 7 月

转识成智的课堂教学：核心素养导向的历史教学

              978 - 7 - 5760 - 0164 - 8     40.00     2020 年 5 月

学导式教学：学会学习的教学范式

              978 - 7 - 5760 - 0278 - 2     42.00     2020 年 7 月

高阶思维教学的关键技术     978 - 7 - 5760 - 0526 - 4     42.00     2021 年 1 月

## 特色课程建设丛书

教师，生长的课程     978 - 7 - 5760 - 0609 - 4     34.00     2020 年 12 月

学校课程发展的实践范式     978 - 7 - 5760 - 0717 - 6     46.00     2020 年 12 月

丰富学习经历：如歌式课程的愿景与深度

              978 - 7 - 5760 - 0785 - 5     42.00     2020 年 12 月

学科课程群设计方法     978 - 7 - 5760 - 0579 - 0     44.00     2021 年 3 月

学校美育课程的立体建构：菁华园课程的逻辑与框架

              978 - 7 - 5760 - 0610 - 0     36.00     2021 年 3 月

关键学习素养与学科课程设计     978 - 7 - 5760 - 1208 - 8     34.00     2021 年 4 月